KB037424

홉스의 리바이어던

EBS 오늘 읽는 클래식

홉스의 리바이어던

국가의 힘은 개인들에게서 나온다

한국철학사상연구회 기획 | 선우현 지음

서문

한국 사회에 널리 퍼져 있는 홉스에 관한 이미지는 그리 호의적이지 않으며 대체로 부정적인 편이다. 그렇게 된 데에는, 홉스는 전제군주제나 반민주 전체주의 국가를 옹호한 정치사상가라는 세간의 평이 한몫하고 있다. 이런 탓인지 한국의 유수 대학 중 한 곳은 『리바이어던』을 '필독서'로 추천하면서, "국가에 대한 개인의 절대적 복종을 강조한 홉스는 전제군주를 이상으로 여기"고 있으며 "독재 정권의 옹호자"라는 비판을 받고 있다고 안내 글에서 소개하고 있다.

그런 까닭에, 사회계약론이나 자유주의에 관한 학술적 논의에서도, 그 사상적 기원과 정치철학적 공헌에 관한 해석 및 평가에서 일차적 주인공은 홉스가 아닌, 로크 등이 차지하고 있다. 우리는 그 단적인 사례를 자연권 사상에서 찾아볼 수 있다. 잘 알려진 것처럼, 모든 인간이 출생과 더불어 부여받은

'천부인권'으로서의 권리가 자연권이며 이에 대한 철학적 입론이 자연권 사상이다. 이 사상은 출현 당시 유럽 내에 자리하고 있던 절대군주제에 반기를 들며, 개인의 권리와 자유가 온전히 보장받도록 구성원들 간의 자유로운 계약을 통해 강력한 통치권이 확보되는, '자유주의적 민주주의'를 대안으로 제시하고 이를 발전시켜 나가는 데 기본 이념으로 작용했다.

그런데 이는 홉스 정치철학에서 최초 발원하여 로크 등의 사회계약론자들을 거치면서 철학적 기반이 조성되었으며 이후 후학들에 의해 계승·발전되어 오늘의 면모를 갖추기에 이르렀다. 그런 만큼 자연권 사상의 기원 및 선구는 응당 창시자인 홉스에게 주어지는 것이 마땅하다 할 것이다. 하지만 실상은 그렇지 못하다. 적어도 우리 학계를 비롯한 현실의 장에서는 이 모든 것들의 사상적·철학적 선구로 홉스를 꼽는 데 상당히 주저하는 모양새이다.

이러한 사정은 일선 학교 현장에서도 별반 다르지 않다. 일례로 한 고등학교 정치 교과서는 '열린 과제'라는 난을 통해 학생들에게 '국가가 사회계약을 위반한 경우에 국민들은 어떻게 대응할 수 있는가?'라는 질문을 던지고 있다. 한데 그에 관한 답변과 관련하여 같은 출판사에서 나온 『교사용 지도서』를 보면, 홉스와 관련해서는 "국민들은 군주에 절대 복종"으로 요약하고 있으며, 반면에 로크에 관해서는 "정부에 대한 저항권 인정"으로 답하고 있다. 그에 따라 저항권 담론은 전적으로 로크에 의해 최초로 구상·제시된 것인 양, 개념적 기원과 고유한 입론의 주창자로 평가되고 있다. 그에 비해 홉스는 민주적 저항권을 인정하지 않은 반민주적·반자유주의적 사상가로 읽히거나 오인되게끔 서술되어 있다.

이 같은 문제 상황이야말로, 이 책을 집필하는 과정에서 전체 논의 전개의 방향성과 지향점을 확정하는 데 우선 고려된 중요한 요인들 중의 하나로 작용했다. 그런 만큼, 근거 없는 선입견 등에 의거해 그의 철학에 가해지는 무분별한 폄훼나 비난, 왜곡된 해석과 부당한 평가를 바로잡아 홉스 정치철학의 온전한 모습을 드러내 보이는 데 특히 주력했다.

그 점에서, 이 책은 2007년에 '이지고전' 총서의 하나로 쓰인 『홉스의 리바이어던』과는 출발점에서부터 전혀 다른 노선을 택하고 있다. 이전 책이 홉스 철학에 대한 소위 전통적이며 정통적인 해석에 기반해 보다 보수적이며 현상 유지적인 철학적 논변 체계로 『리바이어던』을 읽어나갔다면, 이 책은 비판적으로 재구성된 해석에 의거해 보다 진보적이며 사회 혁신적인 정치철학 체계로 『리바이어던』을 새롭게 해석해보고자 시도했다.

그에 따라 '절대군주제'에서 '제한적 군주제'로 입장을 선회했지만 그럼에도 여전히 지배층의 시각에서 국가 및 통치권을 다루고 있는 홉스상(像)을 넘어서고자 했다. 즉 일반 시민들의 입장에서 그들의 기본적 권리의 보장을 최우선적으로 고려하면서, 강력하면서도 규범적으로 정당한 국가권력을 모색하는 '자유주의적 민주주의'의 선도적 사상가로서 홉스상을 부각시켜보고자 했다. 가령 자연법 및 자연권에 관한 홉스의 철학적 논변은 인권 개념에 초점을 맞추어 재해석해볼 경우, 오늘의 민주화 시점에서 근대 민주주의 인권론의 원형이자 저항권 입론의 단초적 형태로서 읽힐 수 있다는 점은 그에 대한 한 사례가 될 것이다.

나아가 오늘의 시대 상황에서도, 『리바이어던』은 새롭게 규명되고 활용될 수 있는, 정치사상적 논지와 메시지, 시사점을 풍부히 내장하고 있으며, 현실에의 적용성 및 확장성 또한 적지 않다는 점을 확인시켜주고자 했다. 요컨대 『리바이어던』을 통해 드러나는 홉스의 사상은, '화석화된' 철학이 아닌 여전히 살아 숨쉬는 철학으로서, 그 자신의 용어로 '지속적으로 운동해나가는 과정으로서의 철학'이라는 점을 논증해보이고자 했다. 그럼으로써 '왜 아직도 홉스의 『리바이어던』인가?'에 대해 일정 정도 답해보고자 했다. 가령 현재 다수의 국가들이 채택하여 영위해나가는 민주주의 체제는 '자유주의적 민주주의'와 '공화주의적 민주주의'로 양분될 수 있는바, 전자는 홉스가 『리바이어던』에서 제안한 '정당화된 강력한' 국가권력이 통치하는 정치 체제의 발전적 혹은 변형적 구현 형태이기 때문이다.

물론 『리바이어던』에서 엿보이는 홉스의 정치사상은 17세기 당시의 영국 및 유럽적 상황하의 시대적·정치적 제약성을 내장한 '시대의 아들'로서 한계를 드러내고 있다. 하지만 동시에 오늘의 민주화 시대를 한층 더 진척시켜나갈 이론적·실천적 가능성과 역량이 충만한 '시대를 선도할 아들'로서 정치철학적 역할을 온전히 수행할 사상 체계라는 점 또한 이 책을 통해 확인해볼 수 있다. 아무쪼록 홉스 정치철학의 핵심적 알갱이와 논지가 응축된 『리바이어던』을 보다 사회 발전적이며 변혁적인 관점에서 읽어내보는 색다른 재미를 체험해보며 새로운 홉스 상을 찾아냈다는 나름의 성과와 지적 뿌듯함을 제대로 느껴보기를 감히 소망해본다.

끝으로 이 작고 부족한 책자를 발간하는 과정에서 여러모로 도움을 준 후배 배기호 교수와 보다 좋은 양서로 만들어주고자 애써주신 편집진에게 깊은 감사의 마음을 전한다.

2023년 여름
선우현

차례

3장 철학의 이정표

일러두기

이 책에 실린 『리바이어던』의 인용문은 J. C. A. Gaskin(ed.), *Leviathan*(1998)의 영어 원문을 저자가 직접 번역한 것이다. 아울러 보다 확실한 번역과 해석을 위해 필요한 경우에, 진석용 옮김, 『리바이어던』(2020)을 참조하였다. 또한 인용문에서 그 내용이나 의미 전달이 명료치 않거나 강조 내지 주목할 필요가 있는 부분이라고 판단되는 경우, 맥락과 상황을 고려하여 원문의 내용을 부분적으로 수정하거나 변형하였다.

1장

자유 민주주의 이념의 선구, 홉스

문명화 시대에도 왜 투쟁은 계속되는가

'현재 진행형'인 인류의 전쟁 상황

2023년 현재, 나라 안팎으로 매우 혼란스럽고 불안정한 상태가 이어지고 있다. 지구촌 전체를 휩쓴 '코로나19 팬데믹'은 끊임없는 변이종의 출현을 통해 수많은 사람들을 죽음과 고통, 단절과 소외, 정신적·물질적 한계 상황으로 내몰아갔다. 후진국이나 개발도상국은 말할 것도 없고 미국과 유럽 내 선진국들도, 광풍처럼 휩쓸아친 코로나19 팬데믹 상황에서, 자국민의 생명과 건강을 안전하게 지켜주어야 할 국가의 역할이나 정부의 미더운 모습을 제대로 보여주지 못했다. 그런 만큼 개인들은 자신과 가족들의 생명과 건강을 온전히 스스로 알아서 챙겨야만 했다. 이는, 마치 국가 공동체가 형성되기 이전의 '자연상태'에서 개체 보존을 위해 고군분투하는 '전(前)사회적 동물'인 양 비추어졌다.

그뿐 아니었다. 국가 간 경계를 허물고 하나의 연합체를 구축하는 데로 전개되었던 탈(脫)민족주의적·세계 시민주의적 시대 흐름 역시, 코로나19 확진자 수가 임계치를 넘어 감당하기 어려워지는 순간 얼어붙기 시작했다. 연합체 내 개별 국민국가들은 저마다 국경선을 폐쇄하고 닫아버리는 '자국 이기주의' 행태를 여지없이 드러내보였던 것이다. 대표적 지역 연합체인 유럽연합(EU)이 보여준 분열적 파편화 현상은 이를 극명하게 확인시켜주었다. 곧 코로나19 사태 앞에서는 인류 공동체나 지역 연합체는 말뿐이며, 폐쇄적·배타적 종족 민족주의의 망령이 다시금 전면에 나타나 민족 단위의 국가 공동체 사이에 걷잡을 수 없는 갈등과 충돌이 재현되고 있는 것이다.

이에 더해 최근의 러시아-우크라이나 전쟁은, 약소국 우크라이나를 정략적으로 이용하여 자국의 국가적 이해관계를 관철하려는 러시아와 미국, 두 패권 국가를 축으로 한 국제전의 양상을 띠고 있다. 곧 중국과 벨라루스 등의 친러시아 국가들이 한 팀이 되고, 유럽연합과 일본 등 미국과 동맹 관계에 있는 국가들이 또 다른 한 팀이 되어, 전 지구적 차원에서 군사적·정치적·경제적 전면전이 벌어지고 있는 모양새다. 우크라이나 영토 안에서는 서방의 지원을 받은 우크라이나와 러시아 간에 밀고 당기는 치열한 군사적 투쟁이 여전히 진행 중이다. 더불어 우크라이나 영토 밖에서는 러시아에 대한 서방의 경제 제재와 봉쇄 정책으로 인해, 전 방위에 걸친 경제 및 외교 전쟁이 벌어지고 있다. 이로 인해, 미국과 동맹 관계에 있는 우리나라도 불가피하게 제재에 동참할 수밖에 없는 탓에, 러시아 국내에서 활발하게 사업을 진행해나갔던 주요 기업들이 적지 않은 타격을 입고 있는 실정이다.

우리가 위치한 동아시아의 사정도 그리 녹록지 않다. 틈만 나면 대륙 간 탄도 미사일 실험을 통해 공공연히 무력시위를 벌여 긴장 관계를 높이려는 북한의 행태가 특히 그렇다. 하나의 중국이라는 슬로건을 내세워 호시탐탐 대만을 무력 통합하려는 시진핑의 중화패권주의 야욕 역시 너무나 노골적으로 드러나고 있다.

이렇듯 국가 간, 종족 간의 끊임없는 쟁패와 전쟁, 다툼은 21세기 문명 사회에서도 수그러들지 않은 채 적나라하게 그

포악성을 드러내며 진행되고 있다. 적어도 국제 사회는 여전히 힘의 논리와 정글의 법칙이 지배하는, 홉스의 표현대로 '만국 대 만국 사이의 투쟁'이 여전히 격화되어가는 상태라 하지 않을 수 없다.

신자유주의적 세계화의 확산이라는 또 다른 투쟁 양상

혼란스럽고 불안한 지구촌 내 투쟁 양상은 이제껏 살펴본 사안들에 그치지 않는다. 사실 인류 사회는 코로나19와 러-우 전쟁 이전에도 이미 '신자유주의에 기초한 세계화'의 광풍에 휩싸여, 국가들 간에 무차별적인 대결을 끊임없이 벌여 왔다. 마치 피할 수 없는 필연적인 역사의 흐름인 것처럼 말이다.

언뜻 보기에 세계화는 국간 간, 민족 간 장벽과 경계를 허물며 하나의 통합된 인류 공동체를 형성해나가는 도정(道程)처럼 다가온다. 세계화 덕분에, 더 이상 상이한 국민국가 및 집단 간의 충돌과 대립이 존재하지 않는 하나로 화합된 평화로운 지구촌 공동체가 손에 잡힐 것처럼 얘기들 한다. 하지만 작금의 세계화란, 신자유주의로 새롭게 외피를 두른 자본주의가 내장한 속성, 특히 '시장의 논리'와 '상품의 논리'를 전 지구상에 전일적으로 확산시켜 공고화하는 과정이라 할 수 있다. 이때 시장의 논리는 '무차별적인 경쟁의 논리'에 다름 아닌데, 이는 필연적으로 강자가 약자에 대해 일방적으로 승리할 수밖에 없도록 결과하는 약육강식의 논리로 작용한다. 공정한 경쟁이 되게끔 그 출발점이나 조건을 조정하지 않은 채 이루어지는 무한 경쟁은, 천부적 재능이 있거나 부유한 집안 배경을 지닌 강자에게 절대적으로 유리할 수밖에 없기 때문이다.

이런 점에서 신자유주의에 기초한 세계화는, 선진국과 강대국이 후진국과 약소국에 대해 일방적인 승리자로 군림케 만드는 '제국주의적 세계화'인 셈이다. 그런 탓에 세계화에 동참한다는 것은 우리의 삶을 외부의 자본주의적 패권 세력에 전적으로 맡기는 것으로, 이는 우리의 생존 그 자체를 위협할 수도 있다. 이처럼 오늘의 지구촌 사회는 미국이라는 초강대국이 주도하는 신자유주의적 세계화로 인해, 모든 개별 국가들이 자주적·자립적 생존을 위한 투쟁을 벌여나가는 상황이다. 이는 일찍이 홉스가 예견한 '만인에 대한 만인의 투쟁'의 전 세계적 버전이라 할 수 있다.

'헬조선'의 풍경

지금껏 살펴본 격렬한 항쟁 상태는 '국제 사회'에서만 벌어지는 것은 아니다. 국내로 시야를 돌려보면, 사회 도처에서 무차별적인 경쟁 그리고 생존 투쟁이 그야말로 치열하게 전개되고 있음을 목도한다.

몇 해 전부터 한국 사회는 부동산 정책의 실패에 따른 집값 폭등으로 인해, 세입자를 비롯한 무주택자들의 불만과 고통이 하늘을 찌를 지경이 되어왔다. 성실히 땀 흘려 번 돈을 꼬박꼬박 저축해서 작은 아파트 한 채라도 마련해보려던 시민들의 소박한 꿈은 언제부터인가 이루기 어려운 신기루로 변해버리고 말았다. 해서, 성실히 일하려는 노동 의욕은 사라지고 은행 대출을 무리하게 받아서라도 번듯한 내 집 하나 장만해보려는 사람들로 나라 전체가 온통 난리가 아니게 되었다. 한국 사회의 미래를 짊어지고 나갈 20~30대의 젊은 층마저도 소위 '영혼까지 끌어 모아' 죽기 살기로 내 집 마련 투기장에 몰려들었다. 그 열기가 얼마나 뜨거웠는지는 '영끌족'이라는 반갑지 않은 말까지 생겨났다는 점에서 확인해볼 수 있다. 이는 단순히 내 집을 마련하겠다는 차원을 넘어서, 빈곤에서 벗어나 부자가 될 유일한 통로인 부동산 투기에 '올인'하겠다는 젊은이들 일반의 생존적 결단을 상징하는 것으로 읽힌다. 요컨대 '부동산 막차'라도 올라타보려는 치열한 생존 투쟁이 이제는 청년 세대에서도 무차별적으로 벌어지고 있는 셈이다.

그보다 더 처절한 생존투쟁은 이미 1997년 제2의 국치라 일컫던 IMF 경제 위기 직후부터 시작되었다. 경제 위기를 극복한다는 명분하에 이루어진 구조조정을 통해 수많은 노동자들이 평생 일해온 자신의 직장을 하루아침에 떠나야 하는 비극적 사태가 발생했고, 이제 그런 일은 거의 '일상적인' 것이 되어버렸다. 이런 상황에서 사람들은 직장에서 퇴출당하지 않기 위해, 서로 간에 필사적인 생존 경쟁을 벌이고 있는 것이다. 더욱이 '평생 직장' 개념마저 깨져버린 상황에서도 직장 잡기는 하늘의 별따기만큼 어려워, 그 경쟁 또한 치열하게 벌어지고 있다.

하지만 이것이 다가 아니다. 소위 일류대를 나와야만 유수한 기업에 취업할 수 있고 신분이 보장된 직종에 종사할 수 있다는 현실적 이유에서, 명문대에 들어가기 위한 입시 경쟁 역시 '죽기 아니면 살기'식으로 처절하게 이루어지고 있다. '대입에서의 한번 승자는 평생 승자'라는 왜곡된 인식으로 인해, 이 땅의 수많은 청소년들은 입시 전쟁이라는 비인간적이며 냉혹한 생존 투쟁을 치르며 꿈을 잃은 학창 시절을 보내고 있기 때문이다. 홉스가 말한 만인들 간의 투쟁은 오늘의 한국 사회를 살아가는 우리 자신들 사이에서도 여전히 계속되고 있다.

간략히 스케치해본 우리의 현 실태에서 알 수 있듯이, 오늘의 한국 상황은 홉스가 살았던 17세기 영국 사회와 비교해 조금도 달라지지 않았다. 오히려 더하면 더했지 덜하지 않은, 생존을 위해 목숨을 건 치열한 '투쟁 상태'라 하지 않을 수 없다. 요컨대 그 주체가 개인이든 집단이든 아니면 국가든, 자신의 존재를 잘 보존하기 위한 처절한 투쟁을 더욱더 격렬하게 전개해나가는 무한 경쟁의 시대가 오늘의 실상인 것이다.

물론 개인들이나 국가들 간에 이루어지는 이 같은 투쟁이나 대결이 반드시 부정적인 것이라고 말할 수는 없다. 그것은 보다 나은 발전을 추동하는 원동력으로 작용할 수 있기 때문이다. 하지만 현재와 같은 무차별적 경쟁 및 투쟁 상황은 상호 공멸적인 결과로 이어질 수 있는 대목이라 할 것이다. 300여 년 전에 철학자 홉스가 내렸던 시대 진단을 염두에 둔다면, 이는 더욱 그렇다. 홉스가 '전쟁 상태'라고 불렀던, 개인들 혹은 집단들 간의 처절한 생존 투쟁은 비록 그 시작은 '자기 보존'을 위한 것이었지만 그 결과는 '자기 파괴'로 귀결되고 있다. 그리고 이는 오늘의 21세기에도 국가의 안과 밖에서 동시에 재현되고 있다.

토머스 홉스의 초상과 그의 저서 『리바이어던』 초판본 표지.

그렇다면 이처럼 지속적으로 전개되는 투쟁 상황은 앞으로 어떻게 흘러갈 것인가? 더불어 이 사태를 목도하면서 우리는 이에 어떻게 대응하고 행동해야만 하는가? 상호 파멸적이며 파괴적인 죽음의 상태로 귀착될지 모를 개인 간 혹은 국간 간 생존 투쟁을, 어떻게 하면 보다 생산적이며 상호 발전적인 방향으로 되돌릴 수 있는가?

이러한 다양한 물음들과 관련하여, 홉스의 『리바이어던』은 변화된 오늘의 시대 상황 속에서도 그처럼 끊임없이 반복되는 투쟁 상태를 어떻게 슬기롭게 대처하고 넘어설 수 있는가에 대한 중요한 교훈과 시사점, 유의미한 지침과 실천 방안을 우리에게 제공해줄 것이라 기대한다. 무엇보다 홉스 자신이 살았던 당시 유럽 및 영국의 시대적 혼란 상황에 대해 개진된 비판적 분석과 진단 그리고 해결 방안은 현 시점에서도 충분히 경청할 만한 내용과 함의가 있기 때문이다. 그런 만큼, 『리바이어던』은 충분히 일독할 만한 동기와 계기, 현실적 필요성을 이미 확보한 셈이라 할 수 있다.

홉스의 삶과 17세기 영국의 상황

쌍둥이 형제인 '공포'와의 동거

홉스는 이 세상에 태어나기 이전부터, 이미 현실 세계의 불안하고 혼란스러운 세태로부터 상당한 영향을 받고 있었다. 널리 알려진 것처럼, 태아는 엄마가 심적으로 안정된 평화로운 상태에 놓인 경우 더할 나위 없이 편안하고 안온한 마음가짐을 갖는다. 반면 엄마가 지속적인 걱정과 불안, 긴장으로 인해 마음의 평정을 유지하지 못할 경우, 뱃속의 아기 역시 엄마의 그러한 불안정한 상태를 온전히 답습하여 여러모로 부정적인 성격상의 결함이나 특이점이 야기될 수 있다. 홉스가 바로 그에 해당하는 전형적인 사례였다. 무엇보다 당시 영국-스페인 전쟁에 대해 엄마가 느꼈던 공포와 두려움은 고스란히 태아인 홉스에게 전달되어 평생 동안 그의 정신 세계를 집요하게 움켜쥐고 따라다녔다. 이는 홉스로 하여금 그로부터 벗어날 탈출구를 찾는 데 몰두하게끔 평생에 걸쳐 거의 강박적으로 작용했다. 예로부터 태교의 중요성이 강조되었던 이유를, 우리는 홉스를 통해 새삼 확인해보게 된 셈이다.

원래 홉스가 세상에 태어날 시기는 대략 7월의 여름날이었다. 하지만 그는 예정보다 3개월이나 빠른 1588년 4월 5일에 태어났다. 홉스에 관한 전기에 따르면, 그 무렵 스페인의 최강 무적함대 아르마다(Armada Invencible)는 홉스의 고향인 월트셔 주 맘스베리 부근의 웨스트포트에서 멀지 않은 영국 서남부 브리스톨 지역에 접근하고 있었다. 그 무렵 영국은 훗날 '해가 지지 않는 나라'로 자리 잡게 될 대영 제국의 초석을 다진 엘리자베스 1세(Elizabeth I, 1553~1603)가 통치하고 있었다. 하지만 그 당시만 해도 영국은 스페인에 비해 해군력을 비롯하여 군사력 측면에서 절대적 열세에 놓여 있었다. 그런 탓에 총 127척의 함선으로 구성된 스페인의 무적함대는 그 명칭만으

토머스 홉스의 고향인 월트셔 주 맘스베리.

로도 전 영국민들에게 공포의 대상으로 다가왔으며, 지배층을
비롯한 주민들 사이에는 깊은 절망과 패배 의식이 짙게 드리
우고 있었다. 스페인 함대의 출몰 소식은 어김없이 홉스의 고
향 주민들에게도 전해졌으며 시시각각 엄습해오는 전쟁의 위
기감과 죽음의 그림자는 그 작은 마을 전체를 뒤덮고도 남을
정도였다. 홉스의 모친 역시 아기와 자신의 생명마저 담보하기
어려운 상황에서 거의 탈진 상태에 빠져 있었다. 체력적으로도
힘든 상황에서 극도의 불안과 스트레스로 인해 그만 홉스를

예정일보다 석 달이나 앞서 조산하고 말았다.

홉스는 흔히 말하는 칠삭둥이 미숙아로 세상에 태어났다. 게다가 이 어린 생명을 기다리고 있던 현실은 공포와 혼란, 피비린내 나는 전쟁터로 뒤범벅이 된 아수라장이었다. 그래서였을까, 미숙아이지만 조숙한 천재였던 홉스는 평생 독신으로 지냈는데, 그 이유가 어쩌면 자신이 아기 때부터 겪었던 현실의 공포와 카오스 상태를 자식에게는 대물림하고 싶지 않았던 탓은 아니었는지 추측해보게 된다.

홉스는 훗날 당시 분위기가 얼마나 무섭고 고통스러웠는가에 대해, 아울러 현세에서의 삶이 얼마나 불안하고 불안정한 상태였는지에 대해 다음과 같이 술회하고 있다. "전쟁에 대한 두려움으로 극도의 정신적 고통을 겪은 모친은 쌍둥이를 낳았는데, 그 하나가 바로 '나' 자신이었고 다른 하나는 '무시무시한 공포'였다."[1]

이와 같이 엄마의 뱃속에 있을 때 이미 전쟁의 기운이 전해지고 급기야 태어나던 그 순간부터 전쟁의 소용돌이에 휩싸였던 홉스의 삶은 이후 끊임없이 이어지는 내란과 혼란, 불안과 도피로 얼룩진 처절한 생존 투쟁의 연속이었다. 어쩌면 그가

---

1 A. P. Martinich, *Hobbes: A Biography*, Cambrige University Press, 1999, 2쪽.

세상에 나온 그해에 벌어진 영국과 스페인과의 전쟁은 바야흐로 홉스가 맞이할 대격변의 도정을 알리는 서곡에 불과한 것이었을지 모른다. 이는 그 후 전개된 그의 전 생애를 통해 확인되었으니 말이다.

군주와 의회 간의 끝없는 대립

『리바이어던』에 담긴 주된 철학적 메시지를 온전히 파악하기 위해서는 그가 발 딛고 살았던 17세기 당시 영국 사회의 급격한 정치적·사회적 변천 과정을 살펴보는 것이 요구된다. 한 텍스트(text)의 핵심적 의미를 정확히 읽어내기 위해서는, 텍스트를 둘러싼 시대적·역사적 맥락으로서 콘텍스트(context)를 제대로 파악해야만 한다. 이처럼 『리바이어던』이라는 고전을 제대로 독해해내기 위해서는, 그것을 배태한 현실적 터전으로서 당시 영국 사회의 실상을 명확히 파악하는 것이 급선무다.

홉스가 청소년 무렵에서 장년에 다다른 시기는, 제임스 1세로부터 그의 아들 찰스 1세에 이르기까지 이어진 절대왕정 시대(1603~1642)였다. 이어 절대군주제에 대항하여 일어난 흔히 '청교도 혁명'이라 불리는 '잉글랜드 내전(1642~1651)'의 시기

· Concept Word ·

잉글랜드 내전

잉글랜드 내전(English Civil War)은 1642년부터 1651년까지 찰스 1세를 중심으로 한 왕당파와 의회를 중심으로 한 의회파가 세 차례에 걸쳐 벌인 대규모 내전을 가리킨다. 이는 '청교도 혁명' 또는 '시민전쟁'이라고도 불린다. 이전에는 주로 청교도 혁명으로 불렸지만, 20세기 들어 수정주의 성향의 학자들을 중심으로 '혁명성'이 약화되어 '잉글랜드 내전'으로 칭하고 있다. 아울러 잉글랜드 내전은 '영국 내전(British Civil War)'과도 내용의 차이가 있어 유의할 필요가 있다. 곧 영국 내전은 찰스 1세와 스코틀랜드 귀족 세력 간의 종교 분쟁을 시발점으로 군사적 대결을 벌인 1639년부터 크롬웰이 스코틀랜드와 아일랜드를 완전히 평정한 1651년까지 벌어진 내전을 가리킨다. 이런 점에서 잉글랜드 내전은 영국 내전에 포함되는 하위의 내전이라고 볼 수 있다.

가 그 뒤를 이었다. 1651년은 홉스가 프랑스 망명지에서 집필한 『리바이어던』이 런던에서 출판된 해이며, 내전이 끝난 이듬해인 1652년에 홉스는 오랜 망명 생활을 청산하고 귀국했다. 그 무렵에, 7년여에 걸쳐 벌어졌던 내란이 일단 수습되고 영국 역사상 최초로 국민이 선출한 대표가 국민의 권리와 이익을 위해 통치하던 '공화정 시대(1651~1660)'가 아주 짧게 펼쳐졌다. 이때의 통치자는 다름 아닌 저 유명한 호국경(護國經) 크롬웰(Oliver Cromwell, 1599~1658)이었다.

크롬웰은 내전 당시, 찰스 1세의 지지 세력인 '왕당파'를 상대로 대결한 '의회파'의 지도자였다. 경건한 청교도주의의 영향으로, 엄격하고 절제된 금욕주의적 삶의 태도를 일평생 견

30

의회파의 지도자인 올리버 크롬웰(왼쪽)과 영국 국왕 찰스 1세(오른쪽)의 초상.

지했던 정치가이자 군인이었다. 그럼에도 일부 잘못 알려진 것과 같이 잔인하거나 무자비한 인품의 소유자가 아니었으며, 종교에 있어서도 관대하고 개방적인 입장을 취하고 있었다. 특히 크롬웰은 군사 조직 및 전투 지휘에 탁월한 능력을 발휘했으며, 청교도주의에 입각한 규율과 장비를 갖춘 우수한 기병대, 즉 '철기대'를 조직하여 내전 당시 주요 전투에서 연거푸 승리를 거둠으로써 의회파의 승리에 결정적으로 기여했다. 내란이 종결된 후, 반혁명의 뿌리를 뽑기 위해 의회파는 1649년 찰스

1세를 처형했으며 군주제와 귀족원을 폐지하고 '공화국'을 선포했다. 다만 그 자신은 호국경의 지위에 올라 유례없는 강력한 군사 독재 정치를 실시했다.

하지만 크롬웰의 죽음과 함께 공화정도 독재도 아울러 막을 내렸다. 동시에 처형당한 찰스 1세의 아들 찰스 2세가 프랑스 망명지에서 돌아와 국왕의 자리에 오름으로써 다시금 '왕정복고 시대(1660~1685)'가 펼쳐졌다. 이처럼 홉스의 기나긴 90 평생의 삶 동안 국왕과 그를 지지하던 왕당파와 이에 맞서 결연한 투쟁을 감행했던 의회 세력 간의 끝없는 대립과 대결이 펼쳐졌다. 그에 따라 이 시대는 군주제에서 공화제로 바뀌고 다시 공화제로부터 군주제로 회귀한, 그야말로 변화무쌍한 우여곡절의 정치적 격변기였다.

그렇게 된 데에는 나름 중요한 이유가 있었다. 우선, 군주의 권력이 절대적인 영향력을 발휘하고 있었으며 이를 견제하는 '시민 계급'의 세력 또한 만만찮게 성장하면서, 상호 간 팽팽한 긴장 관계가 조성되어 있었다. 이때 군주의 권위와 절대적 권력을 인정하고 무조건적으로 추종하는 집단은 '왕당파'라 불렸다. 그에 비해 역사 발전의 새로운 주체로 떠오르던 시민 계급이 주축이 되어, 의회를 장악하고 군주의 제왕적 권력에 맞서 대항하던 세력이 다름 아닌 '의회파'였다.

정치·경제적 대립에 따른 종교적 탄압의 심화

왕당파와 의회파 간의 대결 국면에는 단순히 세속적인 정치적·경제적 이해관계만 작용하고 있었던 것은 아니다. 여기에는 서로 다른 종교적 입장 차이와 그로 인한 상호 간의 이념적 알력이 또한 깊이 연루되어 있었다.

국왕과 국교회에 충성을 맹세한 왕당파 세력에는 대체로 귀족과 대지주가 속해 있었다. 이들은 대부분 국교회 신자 내지 온건 가톨릭 교도였다. 그에 비해 의회파에는 상공업 계급과 자유농민, 일부 자유주의적 성향의 귀족과 젠트리(gentry) 계층이 다수 포진되어 있었다. 아울러 청교도와 그 분파인 장로교를 주된 종교로 갖고 있었다. 이처럼 신앙뿐 아니라 현실적 이해관계에서 적지 않은 차이와 갈등을 노정하고 있던 양 세력, 즉 국왕을 일방적으로 추종하던 지배 집단과 의회를 중심으로 일반 국민들의 이익을 대변하던 시민 계급 간에 첨예한 대립적 긴장 관계는 점점 고조되었다. 그것은, 적당한 명분과 계기만 주어지면, 어느 한순간 무력을 동반한 정치적·종교적 충돌을 촉발할 뇌관 같은 것이었다. 그리고 마침내 이 뇌관의 도화선에 불을 지핀 쪽은 왕당파였다. 이들은 정치·사회적 지배력을 유지, 확장하고자 국민들에게 다양한 명목의 세금을

젠트리

부과하여 엄청난 세액을 거둬들였다. 뿐만 아니라 '국교회 절대주의자'인 국왕의 억압적 통치를 달가워하지 않던 청교도를 위시하여, 영국 국교를 신봉하지 않은 수많은 국민들에게 무자비한 종교적 탄압을 가했다.

1603년 제임스 1세가 국왕으로 즉위하자 영국 내 청교도들은 종교개혁에 큰 기대를 걸고 있었다. 그가 스코틀랜드의 장로교 신자로 교육받으며 성장했기 때문이었다. 하지만 그는 즉위 후 의회를 해산하고 청교도들로 하여금 성공회로 개종할 것을 강요하는 등 독재 정치를 펼쳐나갔다. 성공회와 빈번한 갈등과 대립을 겪은 데 더해 종교적 박해와 탄압을 받던 청교도들은 영국에서는 더 이상 종교적 개혁을 기대할 수 없다고 판단했다. 이에 청교도들 가운데 일부가 1620년 종교의 자유를 찾아, 그리고 자신들이 기획한 이상 사회를 건설하기 위해, 포도주를 운반하던 화물선 '메이플라워(Mayflower)호'를 타

매사추세츠주 프로빈스타운에 있는 메이플라워 순례자 기념비.

고 북아메리카 신대륙으로 향했다. 이를 후일 역사는 '메이플라워호' 사건으로 명명했다.

이처럼 국왕과 왕당파에 의해 자행된 정치적·경제적 강압과 무자비한 종교적 탄압은 왕당파와 의회파 간의 피비린내 나는 '내란'으로 터져버릴 뇌관에 서서히 타들어가는 불붙은 심지였던 셈이다. 이제 남은 일은 뇌관이 터지기를 기다리는 것뿐이었다.

왕당파도 의회파도 아닌, 홉스의 애매한 정치적 줄타기

왕당파와 의회파 간의 극렬한 대립 양상은 찰스 1세의 통치 후반기에 이르러 절정을 이뤘고, 마침내 이는 '내전'으로 이어져 피비린내 나는 참상을 빚기에 이르렀다. 역사는 이를 잉글랜드 내전 또는 '시민전쟁'으로 부른다. 이 내란의 와중에 당시 국왕이었던 찰스 1세는 런던탑에 갇혔고 결국 처형되었다. 내란은 크롬웰이 이끌었던 청교도 측의 승리로 일단락되었지만, 이후 공화정의 성립과 함께 영국 사회는 안팎으로 시련을 겪게 되었다. 안으로는 찰스 1세의 처형을 둘러싸고 장로교와 청교도 세력 사이에 다시금 혈전이 벌어졌고, 밖으로는 당시 유럽 최강이라 할 네덜란드와의 '영란전쟁'을 치르게 되었다. 한시도 평온한 날이 없었다.

이 같은 정치적 혼란기에 홉스는 평생 자신의 보호자로 인연을 맺은 카벤디쉬(Cavendish) 가문과의 인연으로 인해 현실적으로 왕당파에 가담하지 않을 수 없었다. 대체로 귀족 가문들은 의회주의보다는 왕정에 더 우호적인 경향을 지니고 있었다. 카벤디쉬(William Cavendish II) 경은 잉글랜드 내전의 전초전에 해당하는 '주교전쟁(1640)'을 전후하여 왕당파에 참여한 골수 왕당파였으며, 전쟁 이후에는 정치적 위기에 몰려 망명길에 오

잉글랜드 내전 시기 찰스 1세의 국왕군과 올리버 크롬웰의 의회군이 맞붙은 네이즈비 전투.

른 인물이었다.

　당시 홉스는 가신의 입장에서, 자신이 모시는 주군의 정치적 입장을 현실적으로 수용하여 따를 수밖에 없었다. 따라서 홉스는 본인이 원하든 원하지 않든 간에, 왕당파 노선으로 기울지 않을 수 없었다. 그 결과 홉스 본인이 지녔던 정치적 신념이나 노선이 실제 어떠했는가의 여부와 상관없이, 외견상 국왕의 입장을 지지했다는 소위 '객관적 사실'로 인해, 의회파가 세력을 키워 왕당파를 척결할 상황에 이르자 신변의 위협을 느낀 홉스 역시 자신의 주군을 따라 도피할 수밖에 없었다. 곧 영국을 탈출하여 프랑스로 망명해버린 것이다. 그 직후 영국은 기나긴 내전 상태에 돌입했다.

청교도 혁명: '지배 세력의 교체'라는 하나의 정치적 사건

그처럼 왕당파와 의회파 사이에서, 왕당파에 가담했던 홉스의 초반 행태를 보면, 자신이 모시던 주군의 정치적 입장을 무반성적으로 추종하는 다분히 복종적이며 비주체적인 '기회주의자'의 모습으로 다가온다. 이후 청교도 혁명을 통해 통치권이 공화정의 크롬웰에게 넘어가자 이번에는 크롬웰 측에 붙어 공화제를 지지하는 듯한 자세를 취함으로써, 망명에서 풀려나 자신의 주저인 『리바이어던』을 런던에서 출간할 수 있었다. 하지만 크롬웰의 사후, 군주제로 다시 환원되자 또다시 태도를 바꾸어 찰스 2세를 지지하고 왕당파 활동에도 적극 참여했다.

이러한 홉스의 정치적 행태의 잦은 변경은 제삼자의 입장에서 볼 때 한 정치철학자의 일관성 없는 오락가락 행보로 읽힐 수밖에 없다. 특히 정당치 못한 통치 세력과 교회 권력을 주된 비판의 대상으로 설정하여, 신랄한 비판적 저항을 평생에 걸쳐 감행한 철학자가 홉스 자신이었다는 점을 고려할 때, 이는 더더욱 실망스러운 대목이 아닐 수 없다.

하지만 홉스의 행적을 그가 살아갔던 당시 영국의 정치적·시대적 상황을 염두에 두고 상호 연관지어 살펴볼 경우, 어느 정도 이해될 측면들이 적지 않아 보인다. 우선, 신분상 평민 출신인 홉스가 지배 계층인 귀족 가문의 가정교사로 들어가 인연을 맺고 평생 얹혀살게 된 상황을 감안할 때, 그가 보필했던 주군의 정치적 노선과 다른 입장을 취하기는 현실적으로 대단히 어려웠을 것이라는 점을 고려해야 한다.

또한 홉스가 그의 주군을 따라 프랑스로의 망명을 결행한 데에는, 그의 진의와 무관하게, 극렬 왕당파로 오해받을 것을 미리 염려하고 두려워한 데서 비롯된 측면도 적지 않다. 이 대목에서는 특히 죽음에 대한 두려움과 공포가 홉스를 평생 따라다닌 일종의 '강박 장애'였다는 점도 고려되어야 할 것이다.

다음으로 홉스의 일관되지 않은 정치적 대응 양식은, 그 자신이 개진한 『리바이어던』의 이론적 귀결로 읽어낼 수도 있다. 곧 보통 사람이 지닌 다양한 욕망과 정념들을 홉스 역시 지니고 있었으며, 비록 그의 속내는 알 수 없으나, 그의 정치적 갈지자 행태는 상반된 지배 세력의 특성에 부합하여, 자신의 생명을 유지하려는 변형된 '개체 보존'의 전술로서 간주될 수 있기 때문이다.

하나 더 보태자면, 그러한 행동 방식의 이면에는 주목할 만한 철학적 통찰력과 예지력이 자리하고 있다고 볼 수 있다. 곧 홉스는 왕당파나 의회파 가릴 것 없이 모두 '특정한' 권력 집단이라는 공분모를 갖고 있으며, 그런 만큼 양자 간의 정치적·군사적 대결을 통해 승패가 갈리는 것은, 단지 지배 세력이 교체되는 하나의 '사건'으로 해석하고 있었다는 점이다. 그러한 이유로 홉스는 왕당파와 의회파 그 어느 편에도 서지 않고, 일정한 거리를 유지한 채 단지 현실적으로 원만한 관계를 이어가고자 했던 셈이다. 이 점을 진지하게 고려할 경우, 확고한 정치적 소신이나 이념이라곤 전혀 없는 지극히 한 소심한 지식인의 행태처럼 드러나는 홉스의 처신을 '새롭게' 읽어낼 수 있을 것이다.

그러한 연유들로 인해, 홉스가 영국으로부터 유럽 대륙으로 도피했던 것 역시 꼭 부정적인 것으로만 볼 일은 아니다. 오히려 그러한 정치적 줄행랑을 통해 홉스에게는 자신의 모국에서 벌어진 내란의 처참하고도 비극적인 상황을 보다 냉정한 객관적인 시각에서 성찰해볼 계기가 주어졌기 때문이다. 아울러 그 덕분에, 오랜 기간에 걸친 숙고를 거쳐 구상하고 구축했던, 근대 서양의 정치철학사에서 가장 위대한 사상적 저작물 중 하나인 『리바이어던』을 출간할 수 있었다. 특히 망명지 프랑스는 홉스가 자신의 철학을 마음껏 펼칠 수 있었던 사상적·이념적 자양분을 풍부하게 지닌 학문적 보고(寶庫)였다.

망명 이전 가정교사 시절의 여행까지 포함하여 프랑스에서 만난 메르센(Marin Mersenne, 1588~1648)과 데카르트(René Descartes, 1596~1650), 그리고 홉스와 평생 의기투합했던 유물론자 가상디(Pierre Gassendi, 1592~1655)를 비롯해 당대 최고의 석학 및 지식인들과의 만남과 교류, 아울러 그에 따른 학술적 담론 및 논쟁은, 그야말로 『리바이어던』의 핵심적 논지와 내용을 구축하고 형성하는 데 주된 '이론 구성적 요소'로 작용했다. 저간의 사정이 이렇다면, 그의 '정치철학적 진액(津液)'이 담긴 『리바이어던』은, 그의 오락가락 행보와 망명이라는 대단히 특수한 상황이 아니었다면 아마도 세상에 나오지 못했을지도 모를 일이었다.

망명지 파리에서 보낸 11여 년의 기간은 홉스와 관련한 많은 에피소드를 만들어냈다. 가령 홉스는, 함께 망명 생활을 하던 황태자 찰스 2세의 가정교사를 맡기도 했다. 하지만 황태자 주변의 귀족들, 특히 왕당파 세력에 의해 무신론자이자 유물론자라는 이유로 그만두게 되었다. 그런데 아이러니하게도 황태자와 적대 관계에 있던 공화파인 크롬웰로부터는 정치적 사면을 받아 황태자에 앞서 망명 생활을 청산하고 영국으로 귀향할 수 있었다.

이러한 정황만 따로 떼어보더라도, 확실히 홉스는 절대왕정을 지지하는 '골수' 왕당파로 분류하기는 어려워 보인다. 더욱이 크롬웰의 공화정하에서, 정치적으로 민감한 주제를 다룬 『리바이어던』이 출간되었다는 점을 고려할 때, '왕권신수설'에 근거한 군주제를 전폭적으로 옹호하는 사상가라는 항간의 주장이 얼마나 왜곡된 억측에 지나지 않는지 짐작할 수 있다.

이미 언급했던 것처럼 실상은 태생적으로 개체 보존에 온 신경을 곤두세울 수밖에 없었던 홉스 나름의 고유한 '정신 세계'에서 비롯된 나름의 생존 방식이거나 처세였는지도 모를 일이다. 어쨌거나 크롬웰이 통치하는 공화정하에서 홉스는 가능한 한 정쟁에 휘말려들지 않으면서 철학적 연구에만 전념했다. 아마도 이는 새로운 정치 질서 내에서 홉스가 생존할 유일한 방법이었을 것이다. 동시에 그의 전 인생사에서도 오랜만에 맛보는 안정된 평화로운 시간이었을지도 모른다. 그만큼 그의 삶은 불안정과 투쟁, 공포의 사슬로 얽히고설켜 있었기 때문이다.

하지만 유감스럽게도 이러한 평화로움과 마음의 안식은 오랜 기간 지속되지 못했다. 오래지 않아 크롬웰이 세상을 떠났기 때문이다. 크롬웰이 죽은 후, 그의 독재에 신물이 날대로 난 내다수 시민들이, 이번에는 왕당파(王黨派)에 속한 귀족들과 연합하여 찰스 1세의 아들을 망명지 프랑스에서 불러들여 찰스 2세로 국왕에 즉위시키는 데 주도적으로 나섰다. 그토록 어렵게 수많은 죽음과 희생을 대가로 이룩한 공화제였지만, '구관이 명관'이라고 생각했던 탓인지, 대다수 영국인들은 다시금 이전의 군주제로 돌아가는 길을 택했던 것이다. 물론 그렇게 된 데에는, 새로운 국왕은 백성들을 위해 선정을 베풀 것이라는 기대감이 한몫 거들고 있었다.

하지만 그러한 낙관적 예상은 보기 좋게 빗나갔다. 용서와 화합, 관용의 정치를 기대했던 국민들의 기대와 달리 찰스 2세는 선왕의 죽음에 관여했던 사람들을 무자비하게 처형했다. 크롬웰의 경우에는 시신마저 무덤에서 파내어 목을 벴고, 죄수들이 처형되던 '타이번(Tyburn)'에 내거는 등 과거의 원한에 대한 복수를 자행하면서 강력한 군주제를 부활시켰다. 말할 것도 없이 이러한 극단적인 반동 정치는 시민 계급을 비롯한 국민들과의 빈번한 마찰과 충돌을 빚으면서 사회적 혼란과 극도의 불안정을 야기했다. 그리고 또다시 왕권을 강화하려는 세력과 왕권을 약화해 견제하려는 세력 간의 첨예한 대결 구도가 형성되었다.

그처럼 정치적 상황이 급격하게 반전에 반전을 거듭하던

찰스 1세는 1625년부터 1649년 처형될 때까지 잉글랜드, 스코틀랜드, 아일랜드의 왕이었다. 그림은 왕에게 연설하는 하원 의원들(1625).

시기에, 크롬웰과 화해하고 런던에 돌아와 있던 홉스는 그간 정치적으로 자중자애하던 태도를 다시금 벗어던졌다. 그리고 는 찰스 2세에 의해 복원된 강력한 군주 정치를 찬양하고 왕당파 활동에도 적극 가담했다. 또 한 번의 정치적 태세 전환이 이루어진 셈이었다. 이는 홉스로 하여금, 그토록 경계하고 혐오하던 혼란스럽고 공포스러운 정치적 대결의 장에 빠져들게 만들었다. 그에 따라 홉스 자신의 본의가 어떠하든 상관없이, 『리바이어던』은 외견상 '절대군주제'를 전폭적으로 옹호하고 정당화하는 사상 체계로 읽히게 되었다. 실상은 그렇지 않았음에도, 현실의 정치적 구도는 '그렇다'고 강변했다.

뒤에서 보다 상세히 살펴보겠지만, 홉스는 진정으로 자신의 사상적·이념적 신념 및 소신에 입각하여 절대군주제를 지지하고 정당화했다고는 '결코' 말할 수 없다. 비록 홉스가 군주 정치를 현실적으로 수용해야만 하는 통치 형태로서 선호했던 것은 사실이다. 하지만 이는 오랜 기간 이어져온 극도의 사회적 혼란의 종식과 안정적이며 평화로운 사회 체제의 항구적인 보장과 지속에 대한 홉스의 정치적 열망에서 비롯된 것이었다. 더욱이 홉스가 진정으로 옹호하고 정당화하고자 한 군주제는, 신에 의해 그 권위와 지위가 보장되는, 왕권신수설에 기초한 군주제가 아니라는 사실이 이 점을 뒷받침해준다. 홉스가 전폭적으로 지지하고 수용하고자 한 군주제는, 국민들 간의 자유롭고 자발적인 계약을 통해 전적인 동의를 얻어냄으로써, 통치자의 권위와 권력의 정당성이 확보되는 군주제였기 때문이다.

죽음의 상태에서 벗어날 탈출구의 모색

흔히 자연 상태는 본능과 욕망에 따라 살아가는 인간들이 살아남기 위해 서로 상대방의 삶과 생명에 위해를 가하며 생존을 위한 처절한 투쟁이 끊임없이 벌어지는 '죽음의 상태'로 묘사되곤 한다. 더욱이 인류 사회의 등장 이전에, 힘의 논리와 정글의 법칙이 지배하는 야만적인 공간으로 실제 존재했던 시기라고 믿고 있다.

하지만 『리바이어던』에서 사회가 형성되기 이전의 상태로 칭했던 자연 상태는 역사적으로 존재했던 '실제 상황'이 아니다. 홉스는 자신의 사회계약론을 전개해나가는 과정에서 전제된 하나의 허구적인 '가설적 상황'으로 자연 상태를 상정했다. 그런 만큼 자연 상태란, 인간들이 사회를 형성·발전시켜오면서 이미 넘어서버린 '과거의 상태'가 아니라, 시간을 초월한 '불변적인 상태'를 가리킨다. 어떻게 보면 그것은 우리의 삶 속에 깊이 내재되어, 은폐되어 있는 '악의 상태'라고 할 수 있다. 그러므로 자연 상태는 잠시라도 우리가 틈만 보이면 언제든지 전면에 나타나 우리의 평온한 일상적 삶을 혼동과 카오스의 질곡으로 빠뜨릴 수 있다.

일례로 국가의 통치권력이 현저히 약화되어 사회적 통합이 더 이상 안정적으로 유지되기 어려울 때, 공동체는 바로 혼란스러운 '무정부 상태'에 처하게 된다. 한데 이처럼 사회적·정치적 환경이 급변하면, 평화로운 상황에서는 이성적으로 생각하고 행동하던 사람들도 이기심과 탐욕, 두려움과 공포와 같은 본능에 사로잡히게 된다. 그 결과, 생명을 보존하는 행위 역시 이성에 따라 이루어지는 것이 아니라, 본능과 욕망이 이끄는 대로 내맡기게 된다. 다른 사람과 협력하고 함께 힘을 모으는 것이 각자의 생명을 보존하는 데 더 나은 방식임에도 불구하고, 자연 상태, 곧 무질서한 죽음의 상태에 처한 개인들은 이기적 욕망과 본능에 사로잡혀 타인마저 도구적으로 이용하려고 시도한다. 이렇듯 수단과 방법을 가리지 않고, 오직 자신의 생명과 생존을 유지하려는 인간의 이기적 욕망은 급기야 개인들 간에 서로 죽고 죽이는 전쟁 상태로 자신들을 몰아간다. 이것이 자연 상태에서 벌어지는 저 유명한 '만인 대 만인의 투쟁' 상태이다.

그렇다면 이 같은 전쟁 상태와 다름없는 자연 상태로부터 빠져나올 탈출구는 전혀 없는 것인가? 있다면 그것은 어디서 확보될 수 있는 것인가?

여기서 홉스는 인간의 이성적 판단 능력에 기대고자 한다. 비록 이성은 전쟁과 같은 급변 상황에서는, 두려움이나 이기심 같은 인간의 정념에 휘둘리기 십상이지만, 그러한 최악의 상태에서도 정확히 판단할 수 있는 지혜로움을 여전히 지니고 있다는 이유에서다. 실제로 이성은, 생명체로서 인간의 최고 목적이라 할 '자기 보존'은 자연권과 자유의 무제한적 사용이 허용되는 자연 상태에서는 오히려 달성되기 어렵다는 점을 정확히 파악하고 있다. 동시에 자신의 생존을 유지하기 위해 그 어떤 수단도 사용할 수 있는 것이 하나의 '자연권'으로 자리 잡고 있으며, 동시에 그것이 누구에게나 평등하게 주어져 있는 현실이 자연 상태의 본질이라는 점도 적확히 포착하고 있다. 요컨대 인간의 이성은, 자연 상태에서는 개체 보존을 위해서라면 그 어떤 무차별적인 폭력도 개인들 서로 간에 용인될 수밖에 없으며, 이는 결국 상호 공멸과 자기 파멸로 이어지지 않을 수 없다는 점을 예리하게 간파하고 있다.

이렇듯 홉스는 이성의 비판적 통찰력과 판단력에서, 자연 상태에서 벗어날 희망의 탈출구를 확보하고 있다. 인간의 이성은, 개인의 개체 보존을 위한 최선의 방안은 폭력적 투쟁이 아니라 평화 체제의 구축이라는 사실을 깨닫고 있다는 이유에서다. 동시에 이성을 이론 구성의 발판으로 삼아, 평화로운 사회로 이행할 방안을 확보하기 위한 구체적인 이론 체계를 모색하기에 이른다.

강력한 통치권력: 개인의 자유 및 권리 보장을 위한 필수 전제

홉스의 삶의 여정은 끝없는 내란과 전쟁으로 이어진 험난한 시기의 연속이었다. 그런 만큼 홉스는 그 같은 혼란스러운 상황과 그것을 야기한 요인들에 대해 지독한 혐오감을 드러내었다. 동시에 이는 사회적 혼란과 무질서, 아울러 그로 인해 야기된 끊임없는 불안과 공포가 제거된 영속적인 평화로운 상태에 대한 절박한 바람을 말해주는 것이기도 했다. 그러한 이유로 홉스는 질서정연한 평화 체제를 확립하기 위해서는, 평화로움을 해치는 것은 '그 어떤 것이든지' 강력한 국가권력 혹은 통치권의 지배와 통제하에 놓여 있어야 한다는 점을 강력히 부르짖었다.

그런데 이는 언뜻 보기에 반민주적인 절대군주 정치를 열

릴히 옹호하는 것처럼 비칠 수 있다. 당연히 이러한 태도는 현대의 민주화 시대에서는 결코 수용될 수 없는 것이다. 그렇지만 홉스가 직접 부대끼며 살아갔던 17세기 유럽의 시대적 상황을 염두에 둘 경우, 우리는 '왜 홉스가 그토록 강력한 국가권력 내지 통치권을 원하고 있는가?'를 일정 정도 헤아려볼 수 있다.

무엇보다 그러한 요청을 통해 홉스는 대략 두 가지의 메시지를 전달하고자 한다. 하나는 사회 구성원들 간의 갈등과 대립, 충돌과 투쟁으로부터 야기되는 '비참한 혼란 상태'와 강력한 국가권력이나 통치권하에 확보된 '평화로운 사회 상태' 간의 생생한 대비를 통해 사회적 혼란과 전쟁에 대한 혐오감과 거부감을 일깨워주려는 것이다. 다른 하나는 사회적 안정과 평화로운 상태가 지속되기 위해서는 이를 확실히 담보해줄 강력한 국가 및 정치적 지배권력이 필연적으로 요청된다는 점을 알리려는 것이다.

리베르타스 대 임페리움

　자연 상태에서의 '죽음에 대한 공포'와 국가 체제하의 '안
온하고 평화로운 상태'라는 대비를 통해 홉스가 개진하려는
핵심 메시지를, 보다 쉽게 파악하도록 도와주는 '이미지'가 하
나 있다.『리바이어던』에 앞서 홉스가 망명지인 프랑스에서 출
간했던『시민론(*De Cive*)』의 첫 머리에 들어 있는 삽화다.[2] 여기

2　이 삽화는 1642년 망명지 프랑스에서 홉스가 자비로 출간한 라틴어판『시민론(*De
Cive*)』에 들어 있다.『시민론』라틴어 판본의 타이틀은 '시민 철학의 기초(Elementorium
Philosophiae Sectio Teria De Cive)'이다. 이 일러스트는 이후, 1647년 암스테르담의 '엘지

『시민론』의 첫 머리에 들어 있는 삽화. 임페리움(왼쪽)과 리베르타스(오른쪽)라는 이름의
두 여인이 그려져 있다.

· Concept Word ·

리베르타스와 임페리움

리베르타스(Libertas)는 라틴어로 '자유' 또는 '자유의 여신'을 의미한다. 그에 비해 임페리움(Imperium)은 '무제약적인 지배권' 혹은 그러한 권력을 지닌 '지배자'를 가리킨다. 홉스는 이러한 서로 상반되는 대비적 용어를 통해, 자유란 무정부 상태하의 자유방임으로 보고자 했으며 반면에 그러한 자유방임적인 무질서 상태를 강력한 권력을 통해 질서 잡힌 평화 체제로 정립하는 주체 그리고 그에 따른 상태를 임페리움으로 보고자 했다.

에는 '리베르타스(Libertas)'와 '임페리움(Imperium)'이라는 이름을 가진 두 여인의 모습이 그려져 있다.

　오른쪽의 '리베르타스'라는 이름의 여인은 밀림 지역에 사는 원주민 차림으로, 나뭇잎으로 겨우 몸을 가린 채 손에는 긴 화살(사냥 혹은 호신용)을 들고 있다. 이마에는 주름살이 선명히 나 있고 나이도 꽤 들어보이는, 매우 피곤한 표정의 초췌한 얼굴을 하고 있다. 그 뒤로는 한 무리의 도적떼가 한 사내를 쫓아가며 습격하는 장면과 불한당의 난폭한 포옹을 피해 필사적으로 달아나는 한 여인의 몸부림이 적나라하게 묘사되어 있다. 주변의 농지는 약탈 등 불안정한 상황으로 인해 오랜 기간 경작되지 못한 채 방치되어 있는 헐벗은 상태를 보여주고 있다.

비어(Elzivir)' 출판사에서 출간한 세 판본 가운데 초판에 새롭게 변형된 그림의 형태로 재수록되었다.

그에 비해 왼쪽의 '임페리움'이라는 호칭의 여인은 상당히 우아한 자태를 선보이고 있다. 머리 위에는 황금빛 왕관이 얹혀 있고 양손에는 힘과 정의를 상징하는 칼과 저울을 들고 있다. 그 뒤로 멀리는 안정되고 평온한 도시의 모습이 연출되어 있다. 아울러 앞의 농촌 지역에서는 젊은 아낙들이 개울 둑 위에서 아기에게 젖을 물리는 포근하고 정겨운 장면과 함께 곡물을 수확하는 농부들의 환한 표정이 어우러져 전체적으로 평화로운 전원 이미지를 드러내보이고 있다.

이로부터 짐작할 수 있듯이, '리베르타스'는 모든 개인들이 각자의 생명을 보존하기 위해 상호 간에 처절한 생존 투쟁을 벌이고 있는 '자연 상태'에서의 비참한 모습을 가리키고 있다. 그리고 '임페리움'은 막강한 권력을 쥔 통치자가 지배하는 강력한 국가하의 평화로운 모습을 상징적으로 나타내고 있다. 흡사 '나락'과 '낙원'을 대비시켜 보여주는 그림 속에는, 강력한 통치권에 기초한 국가가 정초될 경우에라야 죽음의 상태에서 벗어나 안정되고 평화로운 사회가 구현되어 비로소 풍족하고 행복한 삶을 살아갈 수 있다는 홉스의 바람과 논지가 담겨 있다. 달리 말해, 막강한 권력에 의해 인간 사회가 통치되지 않는다면, 자기 생명의 보존을 위한 '무자비한' 욕망과 정념들이 발동되어 동족끼리 서로 죽고 죽이는 야만적 혼란 상태에 다시금 처할 것이라는 경고의 메시지가 내장되어 있다.

군주의 의지는 곧 '국민의 의지'다

그렇다면 자연 상태로부터 강력한 국가로의 이행은 어떻게 가능한가? 이 지점에서 홉스는 '계약'이라는, 당시로서는 파격적이며 급진적인 개념을 제안한다. 곧 죽음과 마주한 자연 상태를 벗어나 자기 보존이 보장되는 평화로운 시민사회 혹은 국가로의 전환은 그러한 공동체의 구성원이 되겠다는 개인들의 의지와 의도가 담보된 '사회계약'을 통해서'만' 가능하다고 홉스는 역설한다. 이때, 계약 내용의 최고 핵심은 계약 당사자인 모든 개인들이, 자연 상태에서 그들 자신을 다스릴 수 있는 권리인 지배권을, 국가의 통치자에게 전적으로 위임하는 것에 '동의'해야 한다는 점이다. 이는 말할 것도 없이 '자발적으로' 이루어지는 것이어야만 한다.

그렇다면 홉스는 왜 그토록 이 점에 집착했던 것일까? 홉스에 따르면, 자연 상태에서는 개인들이 온전히 자신의 힘만으로 자기 보존을 이루어나가야 한다. 한데 그로 인해 개인들은 저마다 주관적인 '독자적인 판단'을 함으로써 서로 간에 현격한 입장 차이가 발생한다. 그 결과 개인들 간의 충돌이 심화되어 규범적 무정부 상태에 처하면서 급기야 폭력적 전쟁 상황이 벌어진다. 당연히 그러한 상황에서는 개인의 생명을 유지하는 것이 사실상 불가능해진다.

이러한 이유로, 홉스는 그 같은 죽음의 상태를 끝장내기 위해서는 개인들의 개별적인 의지와 판단을 전적으로 '하나의 의지'로 전환할 필요가 있다고 판단했다. 따라서 그 구체적인 방안으로 '사회계약'이라는 절차적 방식을 고안해냈던 것이다. 요컨대 '통치권자의 의지와 판단은 곧 모든 개별 국민의 의지이자 판단'이라는 점을 모든 개인들 간의 자유로운 계약과 자발적 합의를 통해 이끌어내고자 했던 것이다.

사정이 이렇다면, 사회계약이란 본질상 통치권자와 개별 국민들 사이에 '통치권자의 의지와 판단이 곧 나의 의지이자 판단'이라고 서로 동의하고 합의하는 절차적 과정이라고 할 수 있다. 하지만 『리바이어던』에서 개진된 계약은 통치자와 개별 구성원들 사이에 '직접적으로' 체결되는 것은 아니다. 그것은, 구성원들 사이에서 이루어진 계약을 통해, 막강한 권력을 갖는 통치권자, 즉 주권자에게 모든 권리를 '일방적으로' 양도하는 성격의 계약이다. 그리고 이러한 계약을 통해 탄생한 '집합적 절대 권력체'나 '강력한 국가'가 책의 제목이기도 한 '리

홉스의 『리바이어던』 책 표지의 상단에 그려진 강력한 국가 또는 통치권자.

바이어던'이다.[3]

　책 제목으로 홉스가 차용한 '리바이어던'은 구약성서의 「욥기」편 41장에 나오는 대단히 교만하고 허영심 가득한 무시무시한 수중 괴물체로 알려져 있다. 이 때문에 현실 권력을 이념적으로 옹호하는 이데올로그 역할을 수행하던 다수의 스콜

3　아울러 그러한 국가 권력체의 최종 지배자, 즉 '통치권자'를 가리키기도 한다.

라 철학자와 신학자, 교수 들은 홉스가 제시한 '리바이어던'을 신민을 억압하는 괴물 같은 존재로서, 절대왕정하의 무자비한 폭군을 상징하는 것인 양 무차별적인 비난을 쏟아내었다. 그 결과 그들의 직접적인 영향을 받은 일반 시민 대중들은 그러한 비난을 무반성적으로 수용하여, 리바이어던을 그처럼 부정적인 것으로 오인했던 것이다.

하지만 정작 홉스 자신은 그와는 반대로, 교만하고 난폭한 인간들의 이기적 욕망과 성정을 온전히 규제하고 제어하는 막강한 지배력의 소유자로서 강력한 국가 또는 통치권자를 리바이어던으로 표상하고자 했다. 이 점은, 리바이어던이란 용어는 '신의 말씀'으로 채워진 성서에서 그 아이디어를 가져왔지만 그 실체는 탈성서적·탈종교적인 것이었기 때문이다. 이는 계약에 대한 홉스의 발상에서 확인된다. 곧 홉스에 의해 제기된 사회계약은, 신의 의도에 따라 전근대적 신분제 사회 질서를 수립하려던 '위로부터의' 시도에 맞서, 개인들 간의 자유로운 계약을 통해 새로운 사회 질서를 구축하려는 '아래로부터의' 이성적 기획의 핵심 구성 매체이다. 그 결과 이제 사회는 자연의 주술적 힘이나 신에 의해 규제되고 지배되는 '수동적인' 것이 아니라, 자유로운 인간들의 의지를 통해 구성되는 '주동적인' 것으로 다가온다.

인간 이성에 의거한 시민 사회의 건립

'철학은 그의 시대를 사상적으로 파악한 것'이라는 말이 있듯이, 당면한 현실 문제를 도외시하거나 현실과 무관한 추상적 사유만을 한가로이 탐닉하는 것은 진정한 의미에서 철학(함)을 수행한다고 말하기 어렵다. 이는 모든 철학, 보다 정확히 말해서 철학함은 자신이 발을 딛고 살아가는 현실의 가장 긴급한 문제나 사안을 철학적으로 사유하고 그 해결 방안을 모색하는 데 그 진정한 의미가 있음을 가리킨다. 이 점은 홉스의 정치철학뿐 아니라, 그와 경쟁 관계에 있던 동시대의 철학자 데카르트의 철학 사상에서도 고스란히 확인해볼 수 있다.

예컨대 데카르트가 철학의 제1원리로 내세운 '나는 생각한다. 고로 존재한다(Cogito ergo sum)'는 현실과 무관한 추상적 논변 체계의 한 판단 명제처럼 보인다. 그에 따라 그 원리는 데카르트의 고유한 철학적 문제의식에 따라 일체의 모든 것을 부정하는 과정을 거쳐 더 이상 의심할 수 없는, 그 자체 명석 판명한 진리의 원천에 도달하여 발견하게 된 철학적 근본 원리라는 식의 설명이 주어져 왔다. 언뜻 듣기에는 매우 그럴듯하고 합리적인 것처럼 생각된다. 하지만 실상은 현실과 무관한 '비철학적인 해석'에 다름 아니다. 마치 데카르트 본인은 당시 그의 삶을 둘러싸고 벌어졌던 '30년 전쟁'을 비롯한 온갖 폭력적 투쟁과 전쟁 상황에서 벗어나 현실과 무관한 추상적 사유에만 몰두했던 도인(道人)인 양 묘사되고 있기 때문이다.

그러나 실상은 이와 다르다. 곧 철학의 제1원리는 당시 유럽 대륙에서 벌어진 가장 중차대하고 긴박한 현실 문제에 관해 철학적 숙고를 통해 모색된 데카르트의 실천철학적 해결 방안을 담고 있다. 여기서 말하는 시급한 현실 문제는 다름 아닌 '종교 전쟁'이다. 당시 프랑스 내에는 구교도들과 신교도인 위그노들 사이에 피비린내 나는 종교 전쟁이 벌어지고 있었다. 대체로 검고 어두운 색의 검박한 복장을 한 위그노들이 거리를 걷고 있을 때 다수였던 가톨릭 신자들의 눈에 띌 경우, '종교가 다르다'는 이유만으로 무차별적인 폭력과 살상의 대상이 되기 일쑤였다. 백주 대낮에 벌어진 일이었다.

한데 상황이 이렇게 된 데에는, 당시 참과 거짓의 기준이자 도덕적 정당성의 척도로 기능하던 '신의 뜻'을 둘러싸고 구교와 신교 간의 해석상의 대립적 논란이 주된 요인으로 작용했다. 곧 구교와 신교는 각기 각자의 이해관계에 따라 신의 말씀과 의도를 자의적으로 해석하고 있었으며, 그를 통해 자신들의 입장만이 참이자 정당하다는 주장을 상대방 신도들에게 강요하고 있었다. 합리적 대화가 단절된 상태에서 이러한 대립은,

'어느 쪽이 맞고 정당한가의 여부'를 폭력적인 방식을 통해 결정짓고자 시도하는 방향으로 기울면서 마침내 전쟁이라는 극단적 사태로 귀착되기에 이르렀다. 홉스식으로 표현해서, 일종의 '종교적 믿음의 다름에 기댄 만인(구교도) 대 만인(신교도)의 투쟁'이 벌어진 셈이었다.

현실 문제의 해결을 위한 성찰적 모색으로서의 '철학함': 홉스와 데카르트

이런 현실 속에서, 데카르트는 종교 전쟁을 끝장내기 위한 해결안을 궁구하고자 날밤을 새워 철학적 사유 작업에 몰두했다. 그리고 마침내, 각자가 믿는 종교적 교리와 무관하게, 이성적 판단 능력을 갖춘 자라면 합리적 관점에서 누구나 수용할 수밖에 없는 참과 거짓, 옳고 그름의 보편적 판단 기준을 수립하여 제시할 수 있었다. 요컨대 종교적 투쟁을 종식할 '진리 및 도덕 판단의 새로운 잣대' 정립을 위한 발판으로서 더 이상 회의하거나 의심할 수 없는 가장 확실한 기반을 제공했던 것이다. 그것은 바로 '의심하고 부정하는 사유 작용'이었다. 다른 것은 다 문제 삼고 의문시할 수 있어도, '의구심을 갖고 고민하고 불신하는 생각' 그 자체는 결코 부인할 수 없는 자명한 사실이라는 점을 그 근거로 제시했다. 이로써 '의심하는 사유' 즉 '이성적 사고와 판단'이 진리 판별과 도덕적 정당성의 객관적 척도로서 그 지위를 부여받게 되었다. 가령 제1원리에 의하면, '내가 존재한다'는 사실 역시 더 이상 신의 말씀에 의해 확증되기보다, 이성에 의해 명석 판명하게 확증될 수 있었다. 왜냐하면 '생각한다'는 사실로부터 '내가 존재한다'는 사실은 이성에 의해 명확히 판명되며 동시에 논리적으로 도출되는 것이기 때문이다. 이리하여 마침내 '신'이 차지했던 보편적 척도의 자리를 '인간의 이성'이 대체했고, 합리적 근대 사회 역시 비로소 그 문을 열어젖혔던 것이다.

이러한 해석이 나름 설득력 있는 근거를 지닌 것이라면, 우리는 철학자 데카르트의 '코기토 에르고 숨'이야말로 그가 살았던 17세기 유럽 및 프랑스의 가장 긴급한 현안에 대한 실천 철학적 해결 방안을 개진한 것이라고 말할 수 있다. 먹고 사는 데 긴요한 쌀과 밥을 제공한 것은 아니지만, 그보다 한층 더 중요한 우리의 '생명권'이 걸린 전쟁과 폭력 사태를 종식할 해결책을 우리에게 제공한 것이기 때문이다.

동시대의 철학자인 홉스 역시 '종교와 정치적 이해관계로 연일 이어지는 전쟁과 내란의 사태를 어떻게 종식할 것인가?'

프랑스의 합리론 철학자 르네 데카르트의 초상.

에 대한 철학적 해결책을 궁구했다는 점에서, 데카르트와 근본적 궤를 같이한다. 데카르트와 마찬가지로 홉스 역시 신의 계시나 의도가 아닌, 인간의 이성적 능력에 기대어 실천철학적 해결책을 제시하고자 시도했다. 곧 홉스는 혼란스럽고 공포 그 자체인 내전 상황에서 탈출하기 위한 방안으로 '강력한 국가와 통치권의 수립'을 제안했다. 이는 신의 말씀에 따라 계시받은 것이 아닌, 개인들의 이성적 능력을 통해 탐구되어 제시된 것이다. 게다가 국가나 통치권의 정립은, 이성적 능력을 소유한 구성원들 간의 자유롭고 합리적인 계약을 통해 이루어진다.

이 같은 논의에서 드러나듯이, 홉스와 데카르트 양자는 신과 교회 권력에 의해 지배되고 있던 당시의 전근대적 신분제 사회로부터, 이성과 합리적 국가권력에 의해 통치되는 근대적 시민사회로의 이행을 추구하는, '체제 전복적이며 혁신적인' 정치철학적 작업을 수행하고 있다. 이처럼 가히 '혁명적'이라고 불릴 만큼 '급진적 사상가'로서 두 철학자의 공분모적 특징은 신의 말씀에 기댄 종교 권력이 신분제적 사회 체제를 옹호하며 모든 것을 통제하던 당시의 구시대적 지배 질서를 전복하기 위해, 그 통치 이데올로기로서 '신'을 허물어뜨리고자 철학함을 수행하고 있다는 점에서도 확인된다.

이처럼 신분제를 타파하고 새로이 근대 시민사회를 건립할 실천 주체로 '이성적 시민(계급)'을 내세우고, 그들의 이념적 기반을 철학적으로 정립했던 데카르트의 철학은 훗날 '프랑스 대혁명'을 비롯한 근대 시민 혁명의 사상적 토대로 작용했다. 이와 유사하게 '사회계약론'과 '국가권력론'에 주안점을 둔 홉스의 정치철학은 자유로운 의지와 의사에 기반한 민주주의 이념의 핵심인 '국민 주권의 원리'의 맹아적 형태를 보여주고 있다. 더불어 이는 오늘날 '담론 민주주의' 및 '참여 민주주의'의 선구적 입론으로 기능하고 있다.

시대의 아들로서 홉스 철학:
민주주의 시대의 예견과 현실주의적 태도의 견지

그간 홉스의 정치철학을 둘러싸고 이루어진 논쟁 및 해석 과정에서, 그의 사상은 절대왕정 및 군주 정치를 옹호하는, 그런 한에서 반민주적이며 전근대적 철학 사상으로 치부되는 경우가 다반사였다. 이러한 해석은, 동일한 사회계약론의 전통을 계승·발전시킨 로크(John Locke, 1632~1704)의 정치철학이 '자유주의적 민주주의'의 선구적 입론으로 평가받고 있는 것에 비

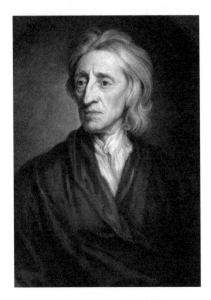
영국의 정치철학자 존 로크의 초상.

추어볼 때, 매우 야박하고 일방적으로 치우친 평가라 하지 않을 수 없다. 왜냐하면 홉스 역시 절대군주제와 신분제 사회 질서의 틀을 벗어나 '인민'이 주체가 되는 '민주주의 이념'을 추구·구현하고자 시도한, 진정한 의미의 '근대적' 정치 사상가였기 때문이다.

　이 점을 보다 적극적·우호적으로 해석해보도록 하자. 우선, 홉스는 중세 사회의 집단에 매여 있던 개인이 그로부터 벗어나 독립적 주체로 새로이 태어났는바, 이러한 개인의 기본권과 자유를 온전히 구현하기 위해서는 개인들의 '자발적이며 자유로운 계약'을 통해 강력한 국가를 수립하는 것이 '필수적으로' 요청된다는 점을 시종일관 주창했다. 한데 이때 그러한 당면 과제의 달성을 위해 홉스가 내놓은 도구적 방법론으로서 '사회계약론'은 정당한 국가 질서의 논리적 조건을 계약 내에서 확보하고자 한 시도의 일환이라 할 수 있다. 다시 말해 그러한 계약론적 시도는 합리적이며 정당한 '강력한' 국가 질서를 가능하게 할 조건을, 개인들 간의 상호 자유로운 계약에 따른 '상호적인 자유의 제한성'에서 찾고자 하는 작업이다.[4] 그 결과 계약 당사자인 개인적 주체들 사이에서도 상대방의 권리와 자유를 함부로 훼손하지 못하게 된다. 나아가 국가권력이나 통치권이 함부로 행사되어 개인의 기본권과 자유가 침해되는 사태를 방지하고자, 사전에 계약을 통해 지배권력의 사용 범위 등이 정해진다. 이때 일차적 계약 주체인 개인들은 국가권력의 구성과 그 제약 조건을 규정하는 '최종적인 정치적 결정자'로

---

4 자유롭고 자발적인 상호 계약을 통해 계약 당사자 상대방의 자유나 권리를 정당하게 제어함으로써 서로 간에 자유의 침해나 훼손을 막고자 한다는 의미에서 '상호적인 자유의 제한성'이라는 표현이 사용될 수 있다. 박해용, 『담론 철학과 윤리 이성』, 두리미디어, 2002, 176쪽 참조.

서 등장한다. 동시에 그러한 구성의 필요성 또한 개인의 생명권을 비롯한 자유권의 보장과 실현에서 찾아진다. 이런 점들로부터 우리는 홉스의 계약론과 국가론에 담긴 민주주의 이념과 원리의 요소와 내용을 읽어낼 수 있다. 이를 진지하게 감안할 때, 다소간 치우친 해석이라는 점을 인정하더라도, 확실히 홉스는 '근대 자유주의적 민주주의 정치 원리'를 구현코자 시도한 '선구적이며 선도적인' 민주주의 정치철학자라고 평가할 수 있을 것이다.

저항권 개념의 단초: 현대 민주주의 이념의 핵심

홉스를 근대 자유 민주주의의 철학적 선구로 보게 만드는 또 다른 요소는 『리바이어던』에 등장하는 저항권 개념이다. 확고한 평화 체제의 구축을 위한 필수적 전제 조건으로서 강력한 국가권력 내지 통치권을 요청했던 탓에, 홉스는 오늘날까지 절대군주제를 정당화한 사상가로 오인되어왔다. 물론 그렇게 읽힐 수 있는 내용과 대목이 있다. 그는 비록 강력한 국가권력을 수립코자 했지만 그러한 권력의 규범적 정당성이 반드시 확보되어야 함을 강력히 주창했다. 그리고 그러한 정당성이 구성원들의 자유로운 계약을 통해 마련되는, 계약론적 절차 방안을 제시했다.

이처럼 계약론적 정치 사상의 구상에서도 '인민 주권론'의 맹아적 형태가 드러나 보인다는 점에서, 홉스를 절대군주 정치론자로 바라보는 것은 적절치 않다. 오히려 구성원들의 계약론적 합의를 통해 그러한 군주의 절대적 권력을 적절히 제어하고자 시도하고 있다는 사실에 비추어, 선도적인 민주주의 사상가로서 읽어내기에 부족하지 않다.

그런데 여기서 한 발 더 나아가, 홉스는 오늘날 '소유권적 개인주의'에 기초한 자유민주주의의 대표적 사상가로 평가받는 로크에 앞서, '저항권' 개념을 구상·제시하고 있다. 곧 개인이 본래적으로 지니고 있는 자연권에 관한 상세한 논변에서 저항권 개념을 다루고 있는바, 이는 현대 '인권론'의 효시라 할 수 있다.

그러한 논변에 의하면, 막강한 통치권을 소유한 군주도 자연법만큼은 반드시 준수해야 한다. 그러므로 자연법이 모든 인간에게 반드시 준수해야 할 규범적·당위적 명령으로서 부여한 '자연권'은 그 누구도 침해하거나 훼손할 수 없다. 그러한 자연권 가운데 하나인 저항권 역시 마찬가지다. 홉스는 저항권에 관한 논의에서, 계약을 통해 모든 권한과 권력을 군주에게 양도할 수 있지만 그럼에도 자연권, 특히 저항권은 처음부터 군주에게 양도될 수 없는 개인의 '근본 권리'임을 천명하고 있다.

이처럼 홉스는 강력한 국가의 역할과 기능을, 자연 상태를 벗어나 평화 체제를 유지하기 위한 도구적 수단의 관점에서 해명하고 있다. 그리고 그 연장선상에서 개인의 자유와 권리를 안정적으로 보장·향유하게끔 하는 것이 국가의 최우선적인 목적임을 역설한다. 이렇듯 홉스는 군주 정치를 논하거나 민주 정치를 언급하는 대목에서도, 시종일관 개별 구성원들 각각의 개인적 권리와 자유, 특히 인권을 우선적으로 중시하고 그 관점에서 정치철학적 논변을 개진하고 있다. 이런 점에서 홉스는 참된 의미에서 '자유주의적 민주주의'와 '민주주의적 저항권론'을 선도적으로 표방하며 이끌었던 근대 최초의 정치철학자라고 말할 수 있다.

홉스 정치 사상의 시대적 한계

물론 홉스는 주권자와 주권을 국가의 구성원인 개별 시민들에서 찾기보다 강력한 국가의 통치자에서 구하고, 아울러 규정하고 있다는 점에서 시대적 제약성을 보여주고 있다. 하지만 그럼에도 통치권력의 원천을 기존의 '왕권신수설'이나 '신의 의지'와 같은 전근대적이며 비민주적인 것에서 마련하는 대신, 계약이라는 '근대적 도덕성의 원칙'에서 확보하고자 한다. 그런 만큼 홉스가 '절대주권론'에 기초한 군주제를 옹호했다고 평가하는 것은 사실상 그리 온당한 처사가 아니다. 비록 민주제에 비해 군주제를 선호했지만 이는 인민(국민)의 안전과 평화 확보에 보다 더 적절하고 효과적인 체제라는 이유에서였다.[5] 그와 함께 시종일관 군주제의 수립이 신이나 외적 강제에 의해서가 아닌, 아래로부터의 인민들의 자발적인 동의와 합의 및 계약을 통해 구성되어야 한다고 주장했다. 이런 점에서도 홉스는 신분제적·위계적 사회 질서를 뛰어넘어 '민주주의적 절차 과정'을 일관되게 부르짖었다.

이처럼 홉스는 통치권의 정당성과 정통성을 신으로부터 보증받는 전통적 의미에서의 '절대군주제'가 아닌, 계약론에 기초한 '(유사) 민주적인 제한적 군주제'를 옹호하고 있다고 할 수 있다. 그런 만큼 홉스는 중세의 신 중심 사유를 뛰어넘어, 구체적인 인간으로서 개인을 중심으로 한 새로운 '민주주의적 계

---

5 이와 관련한 홉스의 입장은 다음과 같다. "세 종류의 국가(코먼웰스) 형태, 즉 군주 정치, 민주 정치, 귀족 정치 간의 차이점은 권력의 차이가 아니라 인민의 평화와 안전을 보장하기 위한 제도 및 기능상의 편리함과 적절함의 차이이다."(19장, 124쪽)

약론적 전통'을 수립한 최초의 정치철학자이자 진정한 의미에서의 근대 민주주의 사상가라고 할 수 있을 것이다. 이는 장차 도래할 민주주의 시대를 예견하고 그 초석을 마련한 그야말로 선각자적인 정치철학적 시도라고 평가할 수 있다.

그렇지만 '실제 현실의 정치적 무대'에서 홉스는 지극히 안정적인 보수주의적 자세를 견지했다. 당시 영국 사회의 정치적 혼란을 핑계 삼아, 평화의 정착과 사회적 안정의 확립을 가장 신속하고 효율적으로 달성할 수 있는 통치 형태로서 절대군주제를 선택함으로써, 다분히 현실주의자로서의 면모를 유감없이 보여주었던 것이다. 사실 홉스는 얼마 안 있어 벌어질 '명예혁명'을 비롯하여 민주주의의 제도적 확산이 시대 흐름으로 자리할 것이라는 점을 정확히 예측하고 있었다. 그러나 그 자신의 삶을 옥죄고 있던 혼란스러운 내전 상황을 종식하기에 민주주의적 절차와 방식은 너무나 많은 기회비용과 시간을 필요로 한다는 사실로 인해, 그는 현실주의적 해결 방안을 차선책으로 선택했던 셈이다.

이것이 홉스 정치철학의 '현실적 한계'였던 것으로 보인다. 실제 이후의 역사 전개 과정은 절대주권에 입각한 군주제로부터 민주주의 정치 체제로의 전환과 확산을 통해 정치적 공동체의 주된 질서 체계로 자리하게 되었음을 여실히 보여주고 있다. 홉스가 살았던 17세기 유럽의 시대적 혼란과 무질서는 영구적인 것이 아니었다. 그것은 민주주의적 방식으로 사회 구조와 평화 체제를 틀 지어나가는 인류 사회의 발전적 전개 과정에서 빚어진 '일시적인 격변의 몸부림'에 불과한 것이었다. 비록 순탄한 발전과 진화의 과정과는 동떨어진, 반동과 퇴보의 시기가 있었지만 역사의 거대한 흐름은 홉스의 현실주의적 생각 및 예측과 달리 '민주적 방식'으로 전개되어나갔던 것이다. 다만 홉스가 살던 당시는 하루하루 생존해나가기에도 힘에 부치던 시기였던 만큼, 아무래도 장기적 전망과 기다림은 실존적 사치였음에 틀림없었을 것이다. 하여 홉스는 단기적 처방으로 절대주권론에 기댄 강력한 국가의 수립과 군주제적 통치 체제를 내놓을 수밖에 없었을 것이라는 점을 '홉스를 위한 변명'으로 감히 내놓고자 한다.

시대를 선도하는 아들: 홉스 철학의 새로운 해석 가능성

홉스의 『리바이어던』에 대해 많은 사람들이 갖고 있을 여러 의구심 가운데 하나는 아마도 이렇지 않을까 싶다. 곧 "지금부터 370여 년 전에 쓰인, 따라서 오늘의 시점에서 볼 때 시대에 한참 뒤처진 낡은 사유의 흔적이 아로새겨진, 이런 책을 왜 지금 읽어야만 될까?" 하는 의문점일 것이다. 말할 것도 없이 대략 4세기 전에, 그것도 우리와 멀리 떨어진 유럽의 영국이라는 특정한 사회 체제의 현실을 중점적으로 다루고 있는 이 책이, 현재 한국 사회를 살아가는 우리들에게 어떤 '의미'와

'메시지'를 지니고 있는지는 매우 의아스러울 수밖에 없기 때문이다.

그렇다면 홉스가 『리바이어던』에서 개진하고 있는 정치 철학적 논의들은 오늘의 시점에서 볼 때, 실제로 낡고 시대착오적인 것들일까? 아울러 『리바이어던』에서 다루어지고 있는 정치 철학적 논제들은 홉스 이후의 로크나 루소, 칸트 등의 실천 철학자들에 의해 과연 해결되고 극복되었을까?

짐작하겠지만 실상은 전혀 그렇지 않다. 흔히 과학사에서는 코페르니쿠스(Nicolaus Copernicus, 1473~1543)의 '지동설'이 프톨레마이오스(Ptolemaeus, 83년경~168년경)의 '천동설'의 한계를 뛰어넘은 것과 같이, 후에 나온 과학 이론은 앞선 기존 이론 체계의 제한성이나 문제점을 극복한 것으로, 한층 더 진일보한 과학적 진리 체계로서 인정받곤 한다.[6] 하지만 '철학사'에서는 전혀 얘기가 다르다. 흔히 우리가 알고 있듯이, 플라톤 철학은 아리스토텔레스 철학에 의해 넘어서고 극복된 것이 아니다. 플라톤 철학과 아리스토텔레스 철학 사이의 관계는, 한쪽이 다른 쪽에 비해 일방적으로 우월한 위치를 점하고 있는, 그 같은 '우열의 관계'가 아니다. 곧 두 철학적 입장은 이제껏 서로 경쟁적

---

6 물론 최근에는 '과학사'에서도 뒤의 나온 이론이 앞서 나온 것에 비해 한층 더 진일보한 입장이라는 주장에 대해 반론이 제기되고 있기도 하다.

인 철학 체계로서 '대등하게 맞서' 왔을 뿐 아니라 지금도 서로 치열한 대립적·논쟁적 관계를 유지하고 있다.

홉스의 정치철학 역시 마찬가지다. 그것은 과거의 '죽은' 사상이 아니며 오늘날에도 현실의 사회구조적 모순이나 난점을 해명하고 그에 대한 실천 방안을 모색하게끔 이끌어주는 여전히 '살아 있는' 철학 사상이다. 물론 홉스의 정치철학과 『리바이어던』은 시대적·역사적 제약성을 지니고 있다. 가령 17세기 당시 영국 사회의 혼란스러운 사태를 종식하기 위한 필요성에서, 홉스는 민주 정치가 아닌 강력한 군주 정치를 현실적 대안으로 선택했다. 이는 당시의 현실에 관한 철학적 조망과 관련해, 홉스 철학의 분석력과 미래에 대한 예측이 갖는 한계와 부족분을 여실히 드러내 보여준다.

그러나 홉스의 정치철학적 문제의식과 시대 진단은, 그 시공간적 제약성에도 불구하고 당시와 비교하여 현저히 변화된 오늘의 시대 상황에서도 여전히 적용 가능하며, 비판적으로 재구성되어 활용될 여지가 적지 않다. 요컨대 그의 정치철학, 특히 그 핵심 논지들이 응집되어 있는 『리바이어던』은, 17세기 시대의 아들로서 현실성과 더불어 제약성도 갖고 있지만, 21세기 오늘의 시대를 선도할 아들로서의 현실성과 가능성, 아울러 이론적·실천적 잠재력을 또한 풍부히 지니고 있다. 가령 신자유주의로 그 외피를 두른 자본주의 체제에서 벌어지고 있는, 개인들 간의 무차별적 경쟁은, 17세기 당시 영국 사회를 대상으로 삼아 이루어진 홉스의 진단, 즉 '만인에 대한 만인의 투쟁'을 고스란히 재현하고 있다는 점에서, 홉스 철학의 생명력이 여전히 유지되고 있음을 말해준다. 그렇지만 홉스의 정치철학적 논의가 보다 더 위력을 발휘하는 대목은, 국제 사회의 무대에서이다. 여기서는 신자유주의적 세계화의 급속한 흐름 속에서 강대국의 힘의 논리에 휘둘리지 않고 자주권을 유지하려는 '국가들 간의 치열한 생존 투쟁'이 여전히 벌어지고 있다. 이러한 국제 사회의 냉혹한 현실은 홉스가 일찍이 간파했던 '생존을 위한 국가 간 전쟁 상태'에 다름 아니다.

오늘날의 국내외적 실상이 이렇다면, 홉스의 사상과 그 핵심이 담긴 『리바이어던』이 우리에게 던지는 철학적 메시지는 더 이상 낡은 과거의 것이 아닌 셈이다. 그것은 여전히 우리에게 중요하면서도 유의미한, 새로운 철학적 성찰의 울림으로 다가오기 때문이다. 더욱이 개체 보존을 위한 개인들 간의 비인간적인 무한 경쟁이든, 국가들 간의 자기 존속과 독립을 위한 처절한 군사적·정치적 투쟁이든, 그것들은 하나같이 상호 파괴와 자기 파멸로 귀결된다는 점에서 특히 그렇다. 이러한 오늘의 상황과 관련하여, 홉스의 시대 분석 및 진단, 그에 따른 철학적 지침은 현재도 우리가 새겨듣고 새롭게 재구성하여 사용할 의미와 가치, 시사점이 적지 않은 것들이기 때문이다.

이처럼 시대적 한계 및 약점을 뛰어넘어 변화된 오늘날에도 여전히 살아남을 수 있으며 발전적 방향으로 재구성될 여지가 많은, 홉스의 『리바이어던』이 지닌 실천철학적 및 정치사상적 의미와 의의, 시사점은 대략 다음과 같다.

첫째, 인류 역사상 '최초의' 시민 혁명인 청교도 혁명을 직접 목도하면서 집필된 『리바이어던』에는 특정 지배 세력의 기득권 유지가 아닌, 개인들의 인권과 자유, 복지의 구현을 위해 국가권력이 존립·행사되어야 한다는 '근대 민주주의 국가론'이 중점적으로 설파되고 있다.

둘째, 신 또는 전통적 권위에 입각한 무제약적이며 비합리적인 정치적 지배는 배제되어야 하며, 구성원들의 자발적 동의와 계약을 통해 부여된 권위 및 권한에 기초한 정당화된 통치권력'만'이 행사되어야 한다는 '근대 대의 민주주의 원리'가 또한 주창되고 있다.

셋째, 국가 혹은 통치 세력은, 결코 양도하거나 포기할 수 없는 개인의 인권과 기본권을 온전히 인정하고 그 어떤 경우에도 훼손·침해해서는 안 된다는 논변이 개진되고 있는바, 이는 '근대 민주주의 인권론'의 원형(原型)이라고 할 수 있다.

넷째, 홉스는 『리바이어던』에서 개인의 생명권은 자연법에 의해 부여된 자기 보존의 자연권으로서, 그 어떤 통치권력에 의해서도 포기되거나 박탈될 수 없으며, 그러한 시도가 감행될 경우 개인은 그에 맞서 저항할 권리가 주어진다는 점을 명확히 밝히고 있다. 이처럼 홉스는 『리바이어던』에서 로크에 앞서 저항권을 '일반 시민의 권리'로서 확정짓고 있는바, 이는 '근대 저항권 담론'의 시초를 이루는 것으로 평가된다.

다섯째, 『리바이어던』에서 홉스는 계약을 통해 정당성과 합법성을 인준받은 강력한 국가권력을 확보하고자 한다. 그럴 경우에라야, 개인의 인권과 자유, 복지의 향유가 보장될 수 있기 때문이다. 이때 『리바이어던』에서 요청된, 계약에 의해 제어되면서도 동시에 '강력한' 국가권력에 관한 논변은 오늘날 사회적 약자의 처지를 개선하고 인간적 삶을 보장하는 '복지(자유주의) 국가'론의 단초적 형태라고 볼 수 있다.

여섯째, 홉스가 사회계약론을 개진하게 된 '핵심적인' 동기는 자연 상태와 죽음의 공포에서 벗어나 자기 보존이 보장된 '영구적인 평화 체제'를 구축하기 위함이었다. 이는 이후 칸트의 '영구 평화론'의 비판적 이론 모형이 되었으며 오늘에 이르기까지 수다한 평화철학과 평화운동에 관한 철학적 입론의

'선구적 유형'으로 간주될 수 있다.[7]

일곱째, 17세기 당시 영국을 비롯한 유럽 대륙에서 가장 강력한 지배권력으로 군림하던 교회 세력 및 성직자 집단을 향해 제기된 『리바이어던』의 신랄한 비판적 논변은, 종교나 교회마저도 폭력의 도구로 전락할 수 있다는 진실을 폭로하는 내용이 주를 이루고 있다. 이는 국가나 교회, 대학 등이 한순간 개인의 권리와 자유를 박탈하는 무시무시한 폭력적 수단으로 변질될 수 있다는 점을 고발하려는 의도에서 비롯되었다. 동시에 그러한 경고를 통해, 폭력화될 가능성이 높은 정치적 지배권력이나 영적인 힘을 이용하여 사람들을 억압·구속할 종교 사상들을 사전적으로 제어할 장치를 마련코자 하는 철학적 논변의 구상으로 구체화되었다. 『리바이어던』을 통해 그 윤곽이 드러난 이러한 입론은, '권력의 정당화를 통해 그것이 폭력적 힘으로 전환되는 것을 차단할 뿐 아니라 정당화된 권력으로 폭력화된 힘을 통제하는 것'을 핵심으로 한 홉스의 '반(反)폭력적 권력론'으로 잠정 불릴 수 있을 것이다. 그런 만큼, 이것은

---

7 홉스의 평화론은 대화와 화해를 중심으로 한 칸트 평화론에 비해, 힘의 우위를 바탕으로 한 '현실주의적 평화 체제 구축론'으로 통상 이해되어왔다. 하지만 홉스 또한 현실론뿐 아니라 자연법의 이념에 기댄 '이상주의적 평화론'을 논구하고 있음을 볼 때, 『리바이어던』에서 개진된 평화론은 다양한 현대 평화철학의 선구이자 '계도적 담론'이라고 평가할 수 있다.

말년의 홉스의 초상.

오늘날 국민이 위임한 정치적 권력을 통치자가 사적 이해관계를 위해 남용하는 반(反)민주적 사태를 고발하고 동시에 정당화될 수 없는 폭력적 권력에 맞서 싸우는, '민주주의적 저항적 거부 이론'의 효시로 읽어낼 수 있을 것이다.

『리바이어던』읽기

새로운 철학적 방법론

　이전과는 질적으로 전혀 다른, 새로운 근대 철학을 정립하려는 기획하에 홉스는 낡은 철학적 방법 틀을 버리고 새로운 방법론을 모색·채택하고자 시도했다. '새 술은 새 부대에 담겠다'는 의도에 따른 것이었다. 그런데 당시까지 절대적으로 영향력을 발휘하던 철학은 단연코 '스콜라 철학'이었다. 아리스토텔레스 사상을 기반으로 구축된 스콜라 철학은 그리스도 교회 및 수도원에 소속된 아카데미나 대학 등에서 오랫동안 논구되어온 철학이다. 이 철학은 본래 그리스도교의 교리(教理)

와 교의(敎義)를 학문적으로 체계화하려는 목적에서 탄생한 것인 만큼, 철학함의 본래적 기능을 수행하기보다는 그리스도교를 정당화하고 변호하는 사상적 도구로서 그 역할을 수행했다. 이렇듯 스콜라 철학은 신학 연구의 특수한 방편으로 전락함에 따라 스스로를 '신학의 시녀'로 지칭하게 되었다. 이 같은 '신학에로의 철학의 복속'은 아우렐리우스 아우구스티누스(Aurelius Augustinus, 354~430)와 안셀무스(Anselmus, 1033~1109)를 거쳐 토마스 아퀴나스(Thomas Aquinas, 1225~1274)에 이르러 그 정점에 이르렀다.

홉스는 철학의 고유한 본성과 역할을 저버린 채 신앙을 논리적으로 체계화하는 기제(機制)로 전락해버린 스콜라 철학을 '헛되고 해악한' 철학으로 규정, 비판했다. 동시에 이를 폐기처분하고 본래의 철학적 역할과 기능을 회복하고자 시도했다. 이를 위해 그는 기존의 철학적 사유 방식과 전면적으로 단절된 새로운 혁신적 방법론을 도입했다. 이렇게 된 데에는 당시 떠오르던 근대적 과학 탐구 방식이 결정적인 요인으로 작용했다.

주지하다시피 16세기에서 17세기에 걸쳐 홉스가 살았던 시대는 그야말로 자연과학의 획기적 발전이 이루어졌던 '과학의 시대'였으며, 걸출한 천재적인 과학자들이 활동하던 시기였다. 저 유명한 코페르니쿠스와 갈릴레오를 위시하여, 케플러,

윌리엄 하비

하비(William Harvey, 1578~1657)는 홉스와 동시대의 의학자 겸 생리학자로, 의학 사상 최초로 '혈액 순환'에 관한 이론을 정립·제시했다. 이는 기존의 갈레노스의 '혈액 흐름'에 관한 학설을 비판적으로 재정립한 것이었다. 갈레노스는 '음식물이 간에서 혈액으로 바뀌며 온몸을 돈 후 좌심실에서 사라진다'고 주장했다. 반면 하비는 '혈액은 골수에서 만들어져 심장의 박동을 동력원 삼아 온몸을 계속해서 순환한다'고 반박했다. 홉스는 새로운 운동 개념에 의거해 자연철학을 새롭게 발전시킨 과학자로는 갈릴레오를, 동시에 인간의 신체에 관한 학문을 발전시킨 인물로는 하비를 꼽았다.

가상디, 브루노, 하비 등이 바로 그들이다.

물리학과 수학을 비롯한 자연과학의 눈부신 발달은 철학자를 위시한 다방면의 사상가들에게도 적지 않은 영향을 미쳤다. 하여 그들의 학문적 탐구 의식을 자연과학적 모델에 따른 합리적·과학적 사고 틀로 장착하도록 자극했다. 가령 데카르트와 프랜시스 베이컨(Francis Bacon, 1561~1626)은 수학적 원리 및 방법론, 귀납법 등에 뿌리를 둔 사유 방식으로 무장하여 근대적 철학 체계의 탄생을 알리는 선도적 저서로 『방법서설(Discours de la méthode)』과 『신기관(Novum Organum)』을 각기 내놓았다.

홉스 또한 그들 못지않게 근대의 자연과학적 탐구 모델, 특히 '유클리드 기하학'을 전폭적으로 수용하여 자신의 독창적인 철학 체계의 기본 틀이자 방법론으로 활용했다. 기하학에 내장된 추론 및 논증 형식을 롤 모델 삼아, 확실한 제1원리로부터 논리적 추론을 통해 결론에 이르는 논증 방식을 핵심적인 사유 양식 및 방법으로 차용해 자신의 철학함을 전개해나갔던 것이다. 그리고 그 잠정적 성과물이 바로 『리바이어던』이었다. 물론 홉스의 사유 체계를 구조화하는 데 영향을 미친 과학적 모델과 방법론은 단지 기하학적 논증 방식에 한정되지 않았다. 의학 연구 작업에 적용된, 이탈리아 파두아 학파의 '분해(분석) 및 결합(종합)의 방식'이나 갈릴레오의 '가설 연역적 방법'도 기하학적 방법과 연계되어 홉스 철학의 핵심적인 방법 틀로 작용하였다. 이렇듯 홉스는 기하학을 중심으로 다양한 최신 자연과학적 방법론들을 수용·종합함으로써 당시 최고의 발전적 성과물인 근대 자연과학에 필적하는 '최첨단의 철학 체계'를 비판적으로 재구축하고자 했던 것이다.

마치 데카르트가 더 이상 의심하거나 회의할 수 없는 근본 원리를 찾아나섰던 것처럼, 홉스 또한 모든 현상을 더 이상 입증할 필요가 없는 수준에 이르기까지 분해·분석하여 근본 원리를 규명하고자 했다. 더불어 그것을 전제 삼아 논리적 추론을 통해 새로운 실체적 지식을 규명하고자 했다. 한데 그 과정에서 홉스가 비판적으로 수용하여 재구성한 방법론적 틀들은 단지 정치적 현실의 분석과 해명 작업에만 적용되는 것이 아니었다. 그것들은 현실 사회를 포함하여 자연, 물체, 인간, 사회, 국가에 이르기까지 인간을 둘러싼 모든 것에 일관되게 적용하여 체계적으로 해명하기 위한 포괄적·절차적 특성을 지닌 방법론이었다. 이로부터 홉스는 자연스레 '유물론적·운동론적·기계론적 세계관'을 체화하여 자신만의 고유한 철학 체계, 특히 정치철학을 전개해갈 수 있었다.

신 대신, 인간 이성에 기초한 근대 철학의 수립 기획

알다시피 홉스가 살았던 17세기는 진리 판별 및 선악 판단이 '신의 말씀'에 따라 이루어지던 전근대적 시대 상황에서 벗어나, 인간 이성을 진선미의 판단 척도로 수립코자 한 '시대적 전환기'였다. 그전까지만 해도, 모든 것은 신의 뜻이라는 계시적 진리를 앞세워, 신분제 사회를 옹호하고 군주의 자격 또한 신의 의도에 따라 부여되었다는 '왕권신수설'이 절대적인 정설로서 주창되었다. 요컨대, 왕과 귀족, 성직자로 대변되는 극소수의 지배층이 기득권을 강화하고 그에 따라 야기된 온갖 횡포 또한 신의 뜻에 부합하는 불가피한 것으로 용인되던 시대였다.

하지만 신을 앞세워 정당화되던 사회 질서나 제도는 서서히 의구심과 회의, 부정의 대상으로 인식되기 시작했다. 가령 당시의 가장 첨예한 사회적 문제였던, 신교와 구교 간의 종교적 다툼은, 신에 대한 절대적 믿음과 수용이 점차 파열음을 내며 무너져내리고 있다는 시그널에 다름 아니었다.

그와 함께 무조건적 믿음의 대상이었던 신을 대체한 이성은 물리학과 천문학을 비롯한 자연과학의 영역에서 그 위력을 발휘하고 있었다. 그리스도교와 스콜라 철학이 전일적으로 장악하고 있던 학교와 대학에서는, 천동설을 여전히 과학적 진리 체계로 가르치고 있었지만, 조금이라도 이성적 판단 능력과 과학적 사유 방식을 지니고 있는 사람이라면 누구나 그것이 불합리한 것임을 금방 파악할 수 있었다. 당시 여느 사상가들과 마찬가지로 조숙한 천재였던 홉스의 머릿속 역시 어린 시절부터 온통 근대 자연과학의 논리로 무장되어 있었다. 이후 성장하면서 인간 이성에 대한 믿음과 신뢰가 한층 더 깊어져 갔다. 더불어 이성에 기초한 합리적 사유 방식과 근대 과학적 세계관의 내재화는 그를 기계론과 유물론에 경도되게끔 유인했다. 이 점은 특히 유념해볼 필요가 있다. 이를 놓칠 경우『리바이어던』의 체계 전반을 아우르는 홉스의 고유한 철학적 문제 의식을 제대로 포착하기 어려울 수 있기 때문이다.

더불어 당시의 사상적 천재들에게 인문학과 자연과학 간의 '차이성'은 사실상 그리 큰 것이 아니었다. 인문학자들 또한 과학적 사고방식으로 무장되어 있었기 때문이다. 해서 달리 '종합적 지식인'이라는 말이 나온 것이 아니었다. 홉스 역시 정치철학자였지만 수학적·과학적 지식과 정보에 대해서도 과학자들과 거의 동등한 수준에 이르는 전문가적 식견을 갖추고 있었다. 그만큼 홉스는 당시 근대 자연과학의 눈부신 진전에 넋이 나가 있었다. 그리고 이는 그로 하여금 이성에 대한 전폭적인 신뢰와 믿음, 낙관론적 기대치를 한층 높이게끔 했다. 근대 자연과학의 성과란 이성적 능력의 산물에 다름 아니었기 때문이다. 더불어 근대 과학의 빛나는 성취는, 합리적인 과학적 관찰과 그로부터 이끌려나온 근본 원리나 공리에 의거하여, 논리적·연역적 추론 및 논증을 통해 가장 명확한 지식을 획득할 수 있음을 확인시켜주는 이른바 '객관적 사실'이었다.

홉스는 그처럼 과학적 성과가 만개한 상황에서, 당시 영국 사회의 실상을 목도하면서 안정적으로 질서 잡힌 평화로운 사회상을 구현코자 마음먹었다. 그리고 이를 위해 근대 자연과학적 모델에 기반한 논리적·기하학적 방법론과 사유 틀에 의거해 전면적으로 쇄신된 근대 철학을 구축하고자 시도했다. 이는 곧 이성주의와 과학주의, 아울러 그로부터 이끌려나온 기계론적·유물론적 세계관에 입각한 정치철학적 이론 체계의 모색 및 구성으로 귀결되었다. 그러한 사유 방식 및 탐구 방법에 따르면 지식은 다음과 같이 규정된다.

> 지식에는 두 가지 종류가 있다. 하나는 '사실에 관한 지식'이고 다른 하나는 '단정적 진술을 다른 단정적 진술과 연결한 논리적 귀결에 관한 지식'이다. 앞의 것은 감각과 기억으로서 '확실한 지식'이다. (……) 뒤의 것은 '과학적 지식'으로서 '조건적인 것'이다. (……) 이것은 철학자에게 요구되는 지식이다.(9장, 54쪽)

홉스는 이 같은 논증적·추론적 지식관에 입각하여 '자연적 대상'뿐 아니라 '인간'과 인간으로 이루어진 '사회 집단'에 대한 연구를 수행해나갔다. 이러한 각각의 연구 대상에 대응하는 이론적 집적물인 『물체론(De Corpore)』과 『인간론(De Homine)』, 『시민론(De Cive)』은 하나같이 '동일한' 과학적 관찰과 논리적 추론을 통해 이루어진 저서들이다.[8] 흔히 이 세 성과물은 홉스

---

8 영국에서 잉글랜드 내전이 시작된 1642년 파리에서 『시민론』이 처음 출간되었고 이어 『물체론』과 『인간론』이 뒤를 이어 출간되었다. 『물체론』은 1655년에 라틴어본으로 처음 출간되었는데, 이듬해인 1656년에 『철학의 기초(Elements of Philosophy)』라는 제목의 영어본

의 '3부작(triology)'으로 불리는데, 이 세 저서에 담긴 핵심 내용들을 총체적으로 망라한 주저가 다름 아닌 『리바이어던』이다. 그런 만큼 『리바이어던』은 어찌 보면 세 종류의 물체, 즉 '자연적 물체'와 '인간의 육체', 그리고 '인공적 물체'인 인간 사회에 관한 핵심 논변들이 압축적으로 정리·체계화된 '종합서'라고 할 수 있을 것이다. 따라서 독자의 입장에서 『리바이어던』을 읽는다는 것은, 자연적 물체와 인간, 사회(혹은 국가)에 대한 종합적이며 포괄적인 철학적 탐구 성과를 한꺼번에 접하게 된다는 것을 의미한다.

으로 번역되어 간행되었다. 나아가 자연, 인간, 사회라는 물체에 관한 철학적 논변 3부작 중 마지막 권인 『인간론』이 1658년 세상에 나왔다.

유물론의 근대적 부활

    철학사나 사상사에서 '관념론'과 '유물론'은 늘 상호 간에 세계관적 투쟁을 전개해왔다. 좀 더 쉽게 말해, 관념론과 유물론은 '정신과 물질 가운데 어느 것이 일차적이고 근원적인가?'라는 '철학의 근본 문제'를 놓고 상호 치열한 이론적·실천적 투쟁을 벌여왔다. 이는 특히 카를 마르크스(Karl Marx, 1818~1883) 철학의 등장과 함께 자유주의와 사회주의라는 이념 체계와 연계되고, 동시에 부르주아 계급과 프롤레타리아 계급 간 대립 구도와 연결되어, '이데올로기적 사상 투쟁'으로 확산되어갔다.

홉스가 살던 시대는, 비록 이성이 신을 대신해 그 대안으로 부상하는 과도기적 상황에 놓여 있었지만, 그럼에도 신의 의도가 모든 것의 정당성 판별을 위한 척도로서 여전히 압도적인 영향력을 행사하고 있던 시기였다. 그런 만큼 절대적 존재로서 '관념론적 신'의 존재가 압도적으로 수용되던 시대였다. 당연히 유물론은 사실상 그 존립 자체가 유지되기 어려운 상황이었다.

그러나 근대 자연과학의 눈부신 발전과 그에 따른 합리적·과학적 사고 방식의 확산은 자연스레 다양한 현상을 인식함에 있어서 이성적·과학적 방식에 의거하게 되었다. 이는 특히 과학자를 비롯한 학자들 사이에 빠르게 퍼져나갔다. 홉스도 당연히 이에 포함되었다. 그렇게 된 데에는 이성적 판단 능력과 사유 방식에 대한 전폭적인 신뢰가 한몫했다.

그처럼 더 이상 신의 의도가 아닌 이성에 입각해봄으로써, 세상은 관념론적 차원에서 해석된 신의 계시 등에 따라 전개되어가는 것이 아니라는 점이 좀 더 명료히 드러났다. 더불어 특정한 '목적(telos)'이 이미 부여된 아리스토텔레스식의 '목적론적 세계'가 아닌, 개별 물체들의 운동이 원인과 결과에 맞추어 기계적으로 이루어지는 세상으로 보이게 되었다. 이는 데카르트식의 '양식(bon sens)'에 비추어, 흔들릴 수 없는 진실이었다.

이처럼 물질 혹은 물체들로 이루어진 세상에 대한 시각 및 관점은 당시의 사상가들로 하여금 '유물론적 세계관'을 견지하지 않을 수 없게끔 했다. 이리하여 고대 그리스의 철학자 데모크리토스(Democritus, 기원전 460년경~380년경)와 에피쿠로스(Epicurus, 기원전 341년경~271년경) 등에 의해 정초되었던 원자론과 유물론은, 16~17세기의 근대에 이르러 일군의 유물론 사상가들, 특히 가상디와 홉스에 의해 마침내 철학의 역사에 재등장하게 되었다.

그런데 홉스로 하여금 근대 철학자 중 최일선에서 유물론적 입장과 세계관을 수용하여 철학적 체계를 구축하는 데 결정적 영향을 끼친 사상가는 당시 유럽 최고의 물리학자요 천문학자, 수학자였던 이탈리아의 갈릴레이였다.[9] 더불어 또 한 사람을 꼽자면, 당대 영국의 최고 의학자요 생리학자였던 윌리엄 하비를 들 수 있다. 물론 홉스와 평생의 절친이었던 프랑스

---

9 홉스는 자신의 『전집』1839년 판에 수록한, 카벤디쉬 경에게 보내는 '헌정 서한(epistle dedicatory)'에서, 물체와 운동의 개념을 통해 과학적·물리적 세계를 가장 잘 해명한 최고의 근대 과학자로 갈릴레오를 들고 있다. "운동의 본성에 관한 지식인 보편적 자연철학의 문호를 처음 열어준 이는 우리 시대의 갈릴레이였다." Thomas Hobbes, "The Author's Epistle Dedicatory", *The English Works of Thomas Hobbes of Malmesbury*, vol. 1, John Bohn, 1839, viii쪽.

의 유물론 사상가 가상디도 빼놓을 수는 없다.

주지하다시피 유물론이란 '정신에 대한 물질의 선차성과 근원성'을 주장하는 입론이다. 이는 물질보다 정신이 일차적이며 우위에 있다는 관념론에 대립된다. 역사적, 정치사적으로는 관념론이 주로 지배계급의 이데올로기적 토대로 기능해왔다. 신의 뜻을 전면에 내걸어 신분제적 사회 질서와 절대군주제를 옹호했던, 왕권신수설을 위시한 중세의 정치 사상들 또한 대부분 이에 해당된다. 반면 유물론은 대체로 진보적 계급의 사상을 대표해왔으며, 반종교적이고 무신론적인 성격을 취해왔다. 이로 인해, 유물론은 그리스도교 전통이 지배해온 유럽 사회에서 오랜 기간 역사적으로 탄압의 대상이 되었다.

앞서 잠시 살펴본 것처럼, 서양 철학사에서 유물론은 고대 그리스의 데모크리토스에 의해 시작되었으며 17세기에 이르러 홉스를 통해 철학사의 전면에 부상하게 되었다. 이후 유물론은 마르크스와 프리드리히 엥겔스(Friedrich Engels, 1820~1895), 블라디미르 레닌(Vladimir Lenin, 1870~1924) 등에 계승되어 '변증법적 유물론'으로 구축되기에 이른다. 그렇지만 유물론은 사회주의 진영에 국한되어 활성화된 것은 아니다. 자유민주주의 체제를 영위하는 서방 진영에서도 영미권을 중심으로 성행해온 심리철학이나 과학철학의 영향으로, 철학 사상 분야에서는 유

심신 수반론

'심신 수반론(心身隨伴論)'은 현대 심리철학의 한 유형으로서, 마음(정신)과 두뇌(육체)가 둘 중 어느 한쪽으로 환원되는 것을 부정하면서 심신은 상호 의존 관계에 있음을 보여준다. 곧 이러한 입론의 핵심은 '심신 수반' 개념을 통해 심신 환원과 심신 법칙이 성립함은 부정하면서도, 심신은 서로 결정 내지 의존 관계, 수반 관계에 놓여 있음을 보여준다는 점에 있다. 가령 마음이 뇌에 수반된다는 것은, 만약 뇌가 고정되어 있을 시 마음은 달라질 수 없다는 것을 의미한다. 다시 말해 두뇌의 물리적인 속성이 고정되어 있다면 정신적 속성인 의식이나 무의식 또한 그에 의존하여 고정된다는 설명이다.

물론적 시각이 상당 정도 확산되어 자리하고 있다. 예컨대 '의식'의 경우만 해도, 독립적 실체인 '영혼'의 기능으로 바라보던 기존의 관념론적 해석을 지양하고, 인간 '뇌수'의 작용에 따른 '자각적 인식 기능'이라는 유물론적 설명 방식, 즉 '심신 수반론'이 합리적이며 논리적인 해석으로 광범위하게 받아들여지고 있는 실정이다.

17세기 근대 초반 홉스는 그처럼 유물론을 새롭게 재구성하여 이를 자신의 정치철학 체계의 이론적 토대이자 방법론적 얼개로 삼고자 했다. 그에 따라 홉스는 세상에 존재하는 기본 요소를 '물체'로 규정하고 '자연적 대상'을 위시하여 '인간 존재', 아울러 인간들로 이루어진 '사회', 심지어 '신'마저도 물체로 파악하고 있다. 동시에 이것들을 시종일관 물체의 본질적 특성인 '운동' 개념에 의거하여 분석·규명하고 있다. 그에 따라 인간도 하나의 물질적 존재, 즉 물체인 만큼 인간이 지닌 정념이나 감정, 나아가 사유 과정마저도 철저하게 물체의 운동 개념에 의거해 설명해내고자 한다.

근대 과학적 세계관에 입각한 정치철학의 구상

그렇다면 홉스는 왜 과학적 세계관을 바탕으로 유물론과 기계론적 인과론, 나아가 물체의 운동 개념을 원용하여 '인간'과 근대적 '시민사회(혹은 '국가')'의 본질을 해명할 새로운 사상체계를 정립하고자 시도했던 것인가? 대체 그렇게 한 철학적 의도와 전략은 무엇인가?

우선, 홉스는 철학을 물리학이나 천문학 같은 근대 과학의 변형된 학문 유형으로 간주하여, 자연과학과 마찬가지로 유물론과 운동론, 기계론의 관점에서 모든 것을 온전히 규명해보일 수 있다고 확신했다. 곧 인간과 인간 사회 역시 물체인 만큼 기하학을 포함한 자연과학들이 다루는 방법과 범주에 따라 분석·해명되고 동시에 새로운 물질적 존재로서 재주조하거나 재구성할 수 있다고 보았다. 물체의 속성과 그것의 발현 과정으로서 운동에 의거할 경우, 인간 행위와 현상뿐 아니라 인간들이 모여 형성된 '인공 물체'로서의 사회의 다양한 행태 역시, 물체에 관한 물리학적·수학적 관점과 그에 기초한 분석 및 종합화 방식을 통해 밝혀낼 수 있다는 이유에서이다. 그 결과 현 사태뿐 아니라 미래에 벌어질 사태에 관해서도 충분히 예측 가능하며 설명해낼 수 있다고 홉스는 확신했다.

다음으로, 홉스는 물리학이나 기하학 등이 보여준 문제해결 방식이 실제 삶의 세계에서 개인들 간의 다툼이 없는 '평화로운 의견 일치 및 합의' 상황에 이르게 해줄 수 있다고 보았다. 그리하여 그는 이를 현실의 투쟁 상황을 종식할 실천 방안의 모색을 위한 방법론적 모델로 삼고자 했다. 곧 당시 자연과학이 보여준 가설-연역적 방법이나 기하학적·논리적 추론 방식은 사회적 난제들을 해결할 새로운 정치 이론의 수립을 위한 철학적 자극제이자 방법론적 롤 모델이었던 것이다. 이렇듯 홉스는 개인들 간의 상호 작용을 운동이라는 물질적 속성을 통해 객관적으로 설명해낼 수 있다고 봤다. 아울러 보다 나은 인간 사회의 구현에 기여할 정치 사상 역시 논리적 추론 방식을 통해 정립될 수 있을 것이라 확신했다. 그렇게만 된다면 물리적 폭력 등에 호소하여 문제를 해결하기보다는, 합리적이며 이성적인 절차를 거쳐 상호 합의에 도달함으로써 안정되고 질서정연한 평화로운 세상을 구현할 수 있을 것이라고 홉스는 예견했던 셈이다.

셋째, 과학적 사고의 핵심이라 할 유물론과 기계론이 당시 영국 사회의 혼란을 야기한 주범 중 하나였던 '스콜라 철학'을 효과적으로 퇴치할 '철학적·이론적 무기'라는 사실을 홉스는 예리하게 꿰뚫어보고 있었다. 주지하다시피 당시 영국 통치 집단의 주된 이념적 기반은 스콜라 철학이었다. 이는 유심론 혹은 관념론을 바탕으로, '이데올로기'로서 신을 앞세워 당시의 신분제적 사회 질서를 유지하고 기득권 세력을 옹호하는 논변을 개진한, 일종의 '변형된' 통치 사상 체계라 할 수 있다. 한데 그러한 논변들이 내세운 관념론적 절대자나 영혼 등은 과학적·이성적 차원에서 그 존재성 여부가 입증되지 못한 것이었다. 홉스는 그것들을 한갓 무의미한 언어적 유희나 공허한 궤변에 지나지 않는 것으로 보았다. 그럼에도 지배계급은 그것들에 기대어 현 실태를 두둔하고 정당화하고자 시도한다는 점에서, 홉스는 그러한 이데올로기적 허구 관념과 유심론적 실체들을 척결의 대상으로 삼았다. 이를 위해 그가 동원한 비판적 사상 체계가 바로 유물론과 기계론이었던 것이다.

끝으로, 17세기 영국 사회를 끊임없는 내분과 투쟁의 상태로 몰고 간 근본 주체의 하나인 '종교적 분파'들의 권력 기반,

즉 세속화된 종교적 강령과 교의를 비판적으로 공략하려는 홉스의 의도도 크게 작용했다. 홉스가 보기에 의회파와 왕당파라는 두 정치 세력의 배후에서 양자 간의 대결을 추동하도록 작용한 것은 구교와 신교 각각의 종교적 강령과 신념 체계였다. 그러므로 당시의 내란과 전쟁을 종식하는 일은, 신·구교 간의 종교적 갈등 및 대립의 해소와 다를 바 없는 것이었다. 해서 홉스는 왕당파와 의회파 가릴 것 없이 이념적 토대라 할 구교와 신교의 교의상의 한계와 치명적 약점을 적극적으로 공략함으로써 그들의 정치적·종교적 정통성을 논파하고자 했다. 그럴 경우에, 그 지긋지긋한 '만인에 대한 만인의 투쟁'이라는 내전도 비로소 종결될 수 있으며, 안정되고 평화로운 사회 역시 구현될 것이라 보았다.

이처럼 홉스는 당시 영국 사회를 공포와 혼돈으로 몰아간 근본 원인을 종교적 맹신과 그에 기초한 '종교적 분파주의자'로 규정하여,[10] 분화된 각각의 종교적 교의와 이데올로기로서의 신의 허구성과 폭력성을 여지없이 드러내어 공격하고자 했

---

10 이 점은 오늘날 전 세계적으로 가장 영향력 있는 지성으로 꼽히는 영국의 생물학자 리처드 도킨스에 의해 개진된 '종교에 대한 비판'과 그 맥을 같이한다. 그에 의하면, 현대의 수많은 전쟁과 분란은 종교의 다름과 차이에 의한 것이다. 리처드 도킨스, 『만들어진 신』, 김영사, 2007, 434~438쪽 참조.

다. 그렇게 함으로써 종교와 교회로부터 벗어나 자유로운 이성에 의거한 계약과 합의를 통해 평화로운 사회를 만들어갈 실질적 발판을 구축하고자 기도했던 것이다.

마치 끊임없는 종교 전쟁으로 인해 죽음의 공포에 시달리던 데카르트가 전쟁을 종식하기 위해 구교나 신교에서 내세운 신 대신, 인간 누구나 지닌 '이성'을 옳고 그름의 보편적 판단의 척도로 삼을 것을 주창한 '나는 생각한다. 고로 나는 존재한다'를 철학적 해결책으로 제시한 것처럼, 홉스는 '사회계약론'을 제기했던 것이다. 홉스 역시, 신앙에 관계없이 이성적 능력을 소유한 개인들은 자발적인 의사에 따라 상호 계약하고 합의할 수 있는 역량과 실천 의지를 지니고 있으며, 그러한 절차를 통해 평화로운 사회를 구축할 수 있다고 보았기 때문이다. 사정이 이렇다면, 홉스의 유물론적 무신론의 시각은 지배 세력의 통치 이데올로기로서의 신의 억압적 구속에서 벗어나 이성을 토대로 한 근대적 시민사회를 건립하기 위한 철학적 구상의 근본적 원리라고 해석해볼 수 있다.

물체로서의 인간: 홉스 정치철학의 출발점

『리바이어던』은 총 4부로 이루어져 있다. 1부는 '인간에 관하여', 2부는 '국가(코먼웰스)에 관하여', 그리고 3부는 '그리스도 왕국에 관하여'이며, 4부는 '어둠의 왕국에 관하여'라는 제목으로 논의가 전개되고 있다.

여기서도 알 수 있듯이 새로운 사상 체계를 구성·제시함에 있어서 철학자들은 인간론에서 출발하는 경향을 보인다. 왜냐하면 자신의 사회 이론을 구축하기 위한 전제로서 인간이 어떤 존재인가를 규명하고 규정하는 것은 필수적이기 때문이다.

가령 오늘날 가장 유력한 윤리 사상의 하나인 위르겐 하버마스(Jürgen Habermas, 1929~)의 '담론 윤리'는 이성적 대화와 토론을 통해 특정 사안의 도덕적 정당성을 판별하는 이론 체계이다. 그런데 윤리 사상이 제대로 작동하기 위해서는 대화 및 토론에 참여하는 인간이 어떠한 특성과 자질을 갖추고 있는가에 대한 설명이 전제되어야만 한다. 이와 관련해, 하버마스는 인간을 원칙적으로 '이성적 판단 능력을 지닌 주체'로 규정하고 있다. 그에 따르면 이성적 인간은, 2인 이상이 서로 자유롭고 평등한 논의 또는 토론을 벌여나가는 과정에서 누구의 입장이 '보다 나은 논증의 힘'을 지닌 것인가를 온전히 판단할 수 있다. 나아가 상대방의 견해나 주장이 나의 것보다 훨씬 더 타당하고 설득력을 갖춘 것일 경우, 기꺼이 자신의 견해를 철회하고 상대방의 입장을 수용하는 존재이다. 이러한 인간관을 전제할 경우에라야 합리적이며 이성적인 토론이 작동 가능하며 이를 통해 도덕적 옳고 그름의 여부가 판별될 수 있기 때문이다.

이와 마찬가지로 홉스 또한 인간을 새롭게 바라보고 규명하는 데서 자신의 철학을 시작한다. 특히 유물론적 관점과 자연과학적 인과론의 시각에서 인간을 다루고자 한다. 정치 사상가로 널리 알려져 있는 만큼, 『리바이어던』에서도 '계약론'이나 '절대주의 군주제' 등을 언급하며 사회과학적 논의로부터 시작할 것 같지만, 실상은 '인간 본성론'에 관한 논의를 출발점으로 삼고 있다.

이는 보다 바람직한 사회 구성체를 수립하는 과제에 관한 철학적 구상을 개진하려면 그 기본 전제로서 '인간이란 어떤 존재인가?'에 관한 해명이 먼저 이루어질 필요가 있다는 점에서 그 주된 이유를 찾을 수 있다. 인간을 어떻게 바라보고 규정하느냐에 따라 그러한 인간들로 이루어질 사회의 '구성적 원리'나 제도적 장치를 기획·설계할 수 있기 때문이다. 이를테면, 인간을 이성적 존재로 간주할 경우에는 이성에 따라 판단하고 행동할 수 있는 사회, 이성을 통해 자율적으로 자신의 욕망이나 감정을 조절할 수 있는 사회 구조를 구축하고자 할 것이다. 그에 비해, 인간을 정념을 축으로 삼아 행위하는 비이성적 존재로 규정할 경우, 정념을 과도하게 남용하거나 행사하지 않도록 외부로부터 강력한 통제가 이루어지는 다분히 강제적이고 타율적인 사회 구조를 기획하는 데 주력하게 될 것이다. 이 점을 염두에 둘 때, 우리는 『리바이어던』이 왜 '인간론'에서부터 시작하는가를 분명히 이해할 수 있다.

물체의 공통 특성인 운동을 통해 인간 바라보기

홉스가 유물론과 기계론적 운동론의 관점에서 인간을 바라본 데에는 당시 유럽 최고의 근대 자연과학자였던 이탈리아의 갈릴레오가 사용한 과학적 탐구 방식의 영향이 가히 절대적이었다. 가설-연역적 사고에 바탕을 둔 갈릴레오의 탐구 방법은 '운동하는 물체에 대한 객관적 관찰과 공간에서의 물체의 운동에 관한 수학적 계산'이라는 방식이었다. 홉스는 이를 전폭적으로 수용하여 철학에게 부여된 역할과 기능을, '물체의 운동과 그것의 원인 및 특성을 해명하는 것'으로 규정하기에 이른다.

그런데 홉스가 물체라고 부르는 것에는 흙이나 물과 같은 '물질적 물체'뿐 아니라 '인간'(인간의 신체), 그리고 인간들로 구성된 '사회 집단'이 모두 포함된다. 일반적으로 우리는 인간과 사회를 각각 물체와 비물체라는 질적으로 상이한 것으로 구분하여 이해하곤 한다. 그에 비해 홉스는 이 모두를 동질적인 물체로서 간주하여 파악하고 있다. 그리고 자연적 물체이든 혹은 인위적(인공적) 물체이든 모든 물체의 공통적인 특성은 '운동'이라고 본다. 홉스에 따르면, 이러한 운동으로 인해 우리는 '물체가 어떻게 존재하며, 어떻게 행위하거나 작동하는가를 알 수 있다.'

사유에 대한 유물론적·기계론적 설명

프랑스의 철학자 블레즈 파스칼(Blaise Pascal, 1623~1662)은 인간을 '생각하는 갈대'라고 묘사한 바 있다. 실제로 인간은 의식하든 아니든 생각하며 살아간다. 이는 데카르트에 의해서도 부정하거나 의심할 수 없는 명석 판명한 사실이다. 비록 모든 것을 의심하고 회의하더라도, 의심하고 회의하는 '생각(작용)' 그 자체는 부정할 수 없는 객관적 사실이기 때문이다.

그런데 일반적으로 생각한다고 할 때 우리는 곧바로 그러한 생각 혹은 사유를 행하는 주체를 떠올리기 십상이다. 예컨대 정신이나 영혼과 같은 주체가 그것이다. 곧 이것들은 인간의 육체에서 벗어나 그 자체가 독립적·자율적으로 존재하는 일종의 '실체'로서 오랜 기간 이해되어 왔다. 플라톤의 영혼론이나 그에 기초한 그리스도교적 인간관에 의하면, 인간이 죽을 경우에 영혼은 육체에서 벗어나 영적인 정신세계로 돌아가는 것으로 해석되었다. 이는 유물론적 인간관 및 세계 이해와는 판이하게 다른 전형적인 유심론적·관념론적 해석 방식이다.

당연하게도 유물론적 입장을 견지한 홉스는 영혼이나 정신과 같은 자립적인 실체는 존재하지 않는다고 보았다. 이러한 비관념론적 시각에서 홉스는 인간의 본질적 특징을 다루는

1부의 첫 번째 장 '감각에 대하여'에서 대뜸 인간의 모든 사유(생각)의 근원은 감각이라고 주장한다.

> 생각 혹은 사유란 흔히 '대상'이라고 불리는, 우리 외부에 존재하는 물체의 어떤 성질이 특정한 모습으로 우리에게 나타나는 표상 또는 현상이다. (……) 모든 생각의 근원은 우리가 감각이라고 부르는 것에 자리하고 있다. 우리의 마음속에 들어 있는 모든 개념은 전체적이든 부분적이든 감각기관에 의해 최초로 획득되는 것이기 때문이다.(1장, 9쪽)

이러한 논법에 따르면 '생각(사유)한다는 것'은 외부의 물체가 우리의 감각기관에 작용함으로써 '특정한 형태로 우리에게 드러나는 것'을 말한다. 더불어 '외부의 대상이 지닌 어떤 성질이 특정한 모습으로 나타난다는 것'은 곧 '우리가 느끼는 감각(인상)'에 다름 아니다. 이로부터 홉스는 사유의 기원을 감각이라고 파악함으로써 생각과 감각이 근본적으로 동일한 것임을 주장하고 있다. 나아가 이에 그치지 않고 감각과 상상, 기억에서 사유에 이르기까지 다양한 방식으로 이루어지는 '정신적 활동' 모두를 근원적으로 동일한 것, 곧 '감각의 변형'으로 파악한다.

상상은 단지 '쇠퇴해가는 감각'일 뿐이다. 이것은 인간이나 다른 생명체에서, 깨어 있을 때나 자고 있을 때나 똑같이 발견된다. (……) 하지만 '쇠퇴한 것', 즉 감각이 희미해지면서 낡고 오래된 지나가버린 것을 가리킬 때, 우리는 그것을 '기억'이라고 부른다. 따라서 상상과 기억은 같은 것이며, 단지 고찰 방법에 따라 그 이름만 다를 뿐 본질은 같은 것이다.(2장, 11-12쪽)

이때 주목할 점은, 홉스는 물리적 사건뿐 아니라 정신적 사건도 '운동하는 물체'의 관점으로 설명하고자 한다는 점이다. 가령 기억이나 상상을 포함한 모든 형태의 생각의 근원으로서 감각의 발생을, 우리의 신체 기관 밖에 존재하는 물체의 운동에 의해 촉발되는 것으로 설명한다.

감각의 원인은, 개별 감각기관에 압력을 가하는 외부의 물체나 대상이다. 이러한 압력은 미각 또는 촉각처럼 직접적인 경우도 있고 시각이나 청각과 같이 간접적인 경우도 있다. (……) 이렇듯 '감각할 수 있는 것'으로서 성질들은 그러한 감각을 일으키는 대상 그 자체에 놓여 있다. 하지만 감각 그 자체는 물체가 행하는 다양한 방식의 운동만큼이나 똑같이 감각 기관에 다양한 방식으로 압력이 가해졌을 때 생겨난다. 이때 인간의 내부에서 압력을 받아 일어나는 일도 결국 다양한 형태의 운동일 뿐이다. 왜냐하면 운동은 오직 운동만을 산출해 내기 때문이다.(1장, 9~10쪽)

그러므로 홉스의 이러한 논의 구도를 따라가다 보면, 결국 감각에서 비롯된 생각 자체도 우리의 신체 외부에 존재하는 물체의 운동에 의해 자극받은 우리 신체의 '내부 운동'이라는 사실을 간파할 수 있다. 동시에 이로부터 인간 역시 하나의 '운동하는 물체'라는 사실이 도출되어 나온다.

이 점을 좀 더 잘 이해하기 위해, 널리 알려진 오 헨리(O. Henry, 1862~1910)의 단편 『마지막 잎새』의 한 장면을 살펴보자. 소설의 마지막 대목은 폐렴에 걸려 사경을 헤매는 여주인공이 달랑 잎사귀 하나만 달린 담쟁이덩굴을 바라보곤 곧장 창문 커튼을 내린 채 깊은 시름에 잠기는 장면이다. "내일 아침, 저 마지막 잎새마저 떨어지면 내 생명도 다하겠지"라며 절망감에 빠져 독백하는 모습이다.

홉스에 의하면, 이 장면에서 여주인공이 창밖의 마지막 잎사귀를 응시할 때 외부 물체인 그 잎이 그녀의 시각적 감각기관을 자극(압박)하여 나타난 형상인 '잎사귀의 모습'이 바로 감각이다. 이어 커튼을 내린 후에도 계속해서 머릿속에 떠오르는 잎사귀는 직접 바라보는 것에 비해 생생함이 덜한 쇠퇴하는 감각인 '상상'이다. 그리고 비록 그 이미지는 점차 희미해져 약해지지만 그럼에도 그 형상을 떠올릴 수 있는바 이것이 바로 '기억'이다. 끝으로 그러한 잎새의 이미지를 의식적으로 계속해서 떠올리면서 자신의 죽음에 대해 고뇌하고 삶에 대해 절규하는 것(과정)이 본격적인 '추상적 사유'이다.

다소 거칠지만 이로써 유심론적 관점이 아닌, 유물론과 기계론의 시각에서 생각의 근원과 발생 경로에 관한 홉스의 해명을 일정 정도 이해할 수 있게 되었다. 그런데 이때 각별히 유의해야 할 점이 있다. 곧 모든 사유의 기원으로서 감각은 외부 물체의 성질이나 운동을 인간 주체가 '지각'하는 것이 아니라는 사실이다. 홉스는 시종일관 감각은 외부 물체에 의해 야기된 우리 신체의 내적 '운동'이라는 점을 강조하고 있다.

추측하건대, 그러한 강조는 인간 주체와 외부 물체 간에 이루어지는 인식 작용은 전통적으로 설명되어온 것처럼 정신(영혼)과 같이 자립적으로 존재하는 어떤 '실체'에 의해 이루어지는 작용이 아니라는 점을 주창하기 위함이다. 그런 식의 설명은 본질상 관념론적인 해명 방식이기 때문이다. 홉스는 정신이나 영혼은 그 자체 존재하는 독립적인 실체가 아닌, 감각기관이나 물체의 작용(운동)에 의해 발생하는 부차적인 것으로 보고자 한다. 그에 따라 '생각한다는 것'은 우리의 외부에 있는 물체가 우리의 육체 내부에 압박을 가함으로써 이루어지는 '내적 운동'이라는 점을 유물론적 관점에서 일관되게 내세운다. 동시에 이로부터 인간 역시 '운동하는 물체'라는 사실을 이끌어낸다. 이는 인간이 수행하는 두 가지 유형의 운동을 설명하는 대목에서 보다 확연히 드러난다.

> 동물은 두 가지 종류의 운동을 한다. 하나는 '생명의 유지를 위한 운동'으로서 출생과 함께 시작되어 일생을 통해 끊임없이 지속된다. (……) 이러한 운동은 상상력의 도움을 필요로 하지 않는다. 다른 하나는 '움직이는 생명체로서의 운동'인데 이는 '자발적 운동'이라고도 불린다. 걷고 말하는 등 우리가 마음속에서 생각한 대로 이루어지는 그러한 운동이다.(6장, 33쪽)

이처럼 홉스는 인간 신체의 운동을 '비자발적인 것'과 '자발적인 것'으로 구분하고 있다. 앞의 것에는 인간 생명의 지탱을 위한 운동으로서 비자발적 생리적 운동을, 뒤의 것에는 인간의 의지가 개입된 운동을 할당하고 있다.

그렇다면 도대체 홉스는 이러한 운동의 구별을 통해 무엇을 얘기하려는 것인가? 그것은 운동 가운데서도 특히 자발적 운동의 본질적 특징들을 보여줌으로써, 전통적으로 이어져온 관념론적 주장, 즉 인간은 신의 창조물로서 저급한 물질적 존재가 아닌 고급한 '정신적 실체'라는 논변을 논파하려는 의도라 할 수 있다. 곧 인간 역시 동물을 포함한 여타 자연적 물체들과 동일하게 운동 중인 물체, 물질적 존재라는 사실을 다시 한번 환기하려는 것이다. 동시에 궁극적으로 정치적 권력을 쥔 당시의 지배계급 및 교회 세력의 사상적 지반인 '관념론적인' 종교적 이데올로기 체계를 허물어뜨리고자 '유물론'에 기초한 이론적 발판을 마련하기 위한 철학적 전략의 일환이라고 볼 수 있다.

여하튼 홉스에 따르면, 비자발적 운동은 말 그대로 우리의 의지와 상관없이 신체 내부에서 일어나는 운동이라는 점에서 의심의 여지가 없다. 그런 만큼 인간은 운동하는 물체가 틀림없다. 하지만 자발적 운동은 인간이 스스로 욕구함으로써만 발생하는 탓에, 사람들은 이 점을 들어 인간은 물체가 아니라고 생각하는 경향이 있다. 그 때문에 홉스는 자발적 운동을 일으키는 최초의 내적 동인이 '상상력'이라는 사실을 보여줌으로써, 다시 한번 인간이 운동하는 물체임을 확증해 보여주고자 한다. 상상(력)은 감각의 변형태로서 외부 물체의 운동에 의해 촉발된 인간 신체 내부의 운동이라는 이유에서다.

> 걷기나 말하기와 같은 자발적 운동은 항상 그에 앞서 '어디
> 에', '어떻게' 그리고 '무엇을'과 같은 생각에 의존해 있는 까
> 닭에, 상상력이 모든 자발적 운동의 최초의 내적 동기라는 점
> 은 명백하다.(6장, 33쪽)

이러한 언급에서도 알 수 있듯이, 홉스는 물리적·자연적
대상의 세계에서 일어나는 물체의 운동에 관한 과학적 해석을
인간과 인간의 행위에도 그대로 적용하여, 각각 물체와 물체의
운동으로 해석해내고자 한다. 이를 통해 우리는 인간을 당시
의 그리스도교적 교의와 전통에 따라 정신적 실체로 보지 않
고 물질적 존재로 파악, 규정하려는 홉스의 '유물론적 인간관'
을 확인하게 된다.

그런데 이러한 인간관을 접할 때 궁금한 것은 이러한 시각
이 홉스 본인의 자의적이며 고의적인 이론 구성 전략에 따른
것인가 하는 점이다. 특히 정치철학자로서 홉스는 당시의 정
치적·사회적·종교적 현실에 대한 반감과 불만, 비판적 시각이
상당했다는 점에 비추어, 기존의 유심론적·신학적 인간관에
대해 고의적인 태클을 걸었을 가능성이 높다는 추론이 가능하

기 때문이다. 충분히 그러한 자세를 취할 여러 이유나 요인이 있었다고 본다.

다만 사정이 그러함에도 불구하고, 학자적 양식과 양심에 비추어볼 때 홉스의 그러한 시각과 관점은 기본적으로 치열한 철학적 탐구 과정을 통해 이끌려나온 것이라고 보는 것이 타당할 듯하다. 곧 천재적인 '종합적 지식인'이자 자연과학적 사상에 대한 조예와 전문적 식견을 지닌 인문학자였던 홉스에게 인간이란 존재는 상식적 차원에서도 운동하는 물체로 인식되었을 것이다. 이는 단정적으로 확실하게 말할 수 있다. 왜냐하면 물리학을 필두로 자연과학의 비약적 발전 및 성과에 절대적인 감동과 영향을 받은 홉스에게, 근대 자연과학이 토대로 삼고 있던 유물론적 세계관과 기계론적 우주관은 너무도 자연스레 수용할 수밖에 없는, 지극히 합리적이며 상식적인 이론 틀이었기 때문이다. 그러한 관점을 취할 경우, 홉스가 아니더라도 합리적이며 이성적인 판단 능력의 소유자라면 인간과 사회는 물체와 개별 물체들의 집합체인 인공적 물체로서 드러날 수밖에 없었을 것이다. 그런 만큼 만약 우리가 홉스에게 "왜 인간을 그처럼 물질적 존재, 운동하는 물체로 보고 있는가?"라는 질문을 던진다면 아마도 다음과 같이 반문하지 않았을까 싶다. "인간이 물체라서 물체라고 한 것을, 나보고 어쩌란 말인가?"

물론 이러한 유물론적 시각은 이후 투쟁 상태를 종식하고 안정적인 평화적 사회 체제를 건립하기 위한 이론적·실천적 프로그램을 기획하는 과정에서 새로운 사회 사상을 구축하기 위한 홉스 자신의 철학적 의도와 결합하여 전략적 측면이 한층 더 보강되었을 여지가 크다 할 것이다.

선하지도 악하지도 않은 합리적 이기주의자

인간은 천성적으로 악하고 폭력적인 존재인가

인간을 물체로 간주하는 홉스는 『리바이어던』에서 인간의 본성을 매우 사악하고 폭력적인 것인 양 묘사하고 있다. 확실히 자연 상태에 놓인 인간은 언뜻 볼 때 천성적으로 대단히 사악하고 악한 존재인 것처럼 보인다.

만일 두 사람이 하나의 물건을 놓고 서로 소유하려고 할 경우에, 그 두 사람은 서로 적이 되어 상대방을 굴복시키거나 무너뜨리려고 한다. (……) 그러한 투쟁은 때로는 파괴나 정복을 통해 느끼는 희열(delectation) 그 자체가 목적인 경우도 있다. 그리하여 일단 싸움이 시작되면, 싸움을 건 자는 상대방이 지닌 그 어떤 힘에도 겁내지 않으면서 그를 이길 수 있다는 가능성이 보이면, 상대방이 농사를 짓거나 안락한 거처를 마련해놓은 경우 그의 노동의 결실을 빼앗고 약탈하며 심지어 그의 자유와 생명마저 박탈하려고 한다.(13장, 83쪽)

　그렇다면 왜 이처럼 인간은 자신의 이익'만'을 추구하면서 상호 비협력적인 태도를 취하며 끊임없이 싸우는 것인가? 그에 관한 주된 원인으로, 홉스는 인간 본성에 자리한 세 가지 이기적 욕망을 제시한다. '경쟁심', '자기 확신의 결여(diffidence)' 그리고 '명예욕(공명심)'이 그것이다. 가령 헛된 명예에 대한 욕심 혹은 공명심은 많은 이들로 하여금 피비린내 나는 투쟁도 마다하지 않도록 유인한다. 수많은 영화나 드라마의 단골 주제 가운데 하나도 이처럼 권력과 명예를 둘러싸고 상호 암투와 대결을 벌이는 인간 군상들의 모습이라는 점은 누구나 다 안다.

　이렇듯 홉스가 그리는 인간은, 자신의 이기적 욕망을 충족하기 위해서라면 타인과 목숨을 건 대결도 마다하지 않으며,

필요하다면 타인의 목숨마저도 빼앗는 일을 서슴없이 자행한다. 이처럼 인간들 사이의 욕망과 욕망이 부딪혀 벌어지는 처절한 투쟁 상태를 홉스는 저 유명한 '만인에 대한 만인의 투쟁'이라고 부르고 있다.

> 인간은 그들 모두를 두려움에 떨게 만드는 공통의 힘(common power)이 존재치 않는 한, 만인에 대한 만인의 투쟁과 같은 전쟁 상태에 놓이게 된다. (……) 이러한 전쟁 상태에서 인간은 끊임없는 생사의 갈림길에서 죽음의 공포에 시달린다. 그 속에서 인간의 삶은 고독하고 비참하고 험악할 뿐 아니라 잔인하며 게다가 짧기까지 하다.(13장, 84쪽)

이처럼 죽음에 대한 두려움과 공포가 사람들의 마음을 온통 장악하고 있는 상태에서 모든 인간은 전적으로 '살려는 의지'에만 맹목적으로 매달리고 오직 자신의 안전만을 도모키 위해 수단과 방법조차 가리지 않는다. 여기서 우리는 단지 자기 자신의 생존과 안위만을 생각하고 골몰하는 지극히 '이기적인 인간'의 행태를 목도하게 된다.

홉스는 '성악설'을 주창하지 않았다

그렇다면 이처럼 사악하고 이기적인 본성은 본래부터 인간에 주어진 고정 불변의 속성인가? 그런 한에서 홉스는 인간을 '천성적으로 심성이 악한 존재'로 간주하는, 성악설을 주창하고 있는가?

이 점을 제대로 규명하기 위해서는 홉스의 인간관, 곧 '인간은 운동하는 물체'라는 점에 다시 주목할 필요가 있다. 알다시피 물체가 수행하는 운동 가운데 가장 중요한 것은, 자신의 존재를 계속해서 유지·발전시키는 운동이다. 동물이나 식물과 같은 자연적 물체의 경우에 '자신의 생명을 유지하는 운동', 곧 '자기 보존 및 발전'이 그에 해당된다. 인간도 당연히 물체인 만큼 자신을 보존하는 운동을 한다. 이때, 자기 보존에는 자신의 생명을 지속시키는 것뿐 아니라 생명을 더 잘 유지하기 위해 자신을 더욱 '발전된 존재'로 만드는 운동, 즉 '자기 발전'이 포함된다. 자신을 지금보다 훨씬 발전된 강한 존재로 만들어야만 자기 보존이 더 잘될 수 있기 때문이다. 아울러 이러한 보존 과정에서 개인들은 자신을 더 나은 존재로 발전시키기 위해 다른 사람들과 격렬하게 투쟁한다. 급기야 개인들 각자의 개체 보존을 위해 작용하는 욕구와 욕망들, 특히 부정적인 성격의 욕망들이 그러한 투쟁을 격화하면서, 서로 죽고 죽이는 상황으로 인간들을 몰아간다.

그렇다면 이러한 투쟁 상태는 인간이 본성적으로 악하고 포악한 성격을 지닌 탓에 벌어지는 사태인가? 많은 사람들은 홉스가 그렇게 인간을 파악하고 그에 따라 당시 현실 사회의 비인간적 상황을 규명하고 있다고 이해해왔다. 그에 따라 오랫동안 홉스는 동양의 사상가 순자에 버금가는 서양의 대표적인 성악설 주창자로 받아들여져 왔다.

그러나 이는 전적으로 잘못되고 왜곡된 독해에 기인한 것이다. 『리바이어던』에서 개진된 홉스 인간론의 핵심 논지와 논의 과정을 보다 더 세심하게 들여다본다면 본래 사악하고 자신의 이익만 챙기는 이기적이며 폭력적인 존재로서 인간을 규정하고 있다는 기존의 해석은 잘못된 단견임을 곧바로 알 수 있다.

홉스에 의하면, 자연 상태에서 드러나는 인간의 이기적 욕망의 발현은 그것이 긍정적인 것이든 부정적인 것이든 모두 물체의 본질적 속성인 '자기 보존을 위한' 운동이다. 그런 만큼 그것은 도덕적으로 악하거나 윤리적으로 정당하지 못하다고 판단할 수 없다. 그것은 자연적 생명체를 비롯하여 모든 물체에 내재된 본성적 특성이다. 그에 따라 홉스는 욕구와 혐오를 각각 '가까이 하려는 운동'과 '멀리 떨어지려는 운동'으로 규정짓고 있다. 여기서 알 수 있듯이, 홉스는 욕구나 욕망 '그 자체'는 결코 죄악이 아니며 도덕적으로 악한 것으로 판별할 수 있는 것이 아님을 분명히 하고 있다.

> 어떤 사람이 욕구하거나 욕망하는 대상은 그것이 무엇이든지 그에게는 선(good)이며, 반대로 증오 내지 혐오의 대상이 되는 것은 무엇이든지 악(evil)이다. (……) 즉 선한 것, 악한 것, 경시할 만한 것과 같은 말들은 항상 그 말을 사용하는 사람과의 관계 속에서 사용되는 것이다. 그런 연유로 (말하는 사람과의 관계를 떠나) 결정적으로 아울러 절대적으로 그렇다고 할 수 있는 것은 하나도 없다. 또한 대상 그 자체의 성질로부터 선악에 관한 일반적 법칙을 이끌어낼 수도 없다.(6장, 35쪽)

> 개인들이 서로 믿지 못하는 상황에서는, 예견되는 위협으로부터 자기 자신을 안전하게 지켜내기 위해 합리적인 조치들을 모색하게 된다. 이는 폭력이나 정략적 수단을 동원하여 되도록 많은 다른 사람들을 오랜 기간 지배함으로써, 더 이상 자신을 위험에 빠뜨리지 못하게끔 상대방의 힘을 상실하게 만드는 것이다. 이것은 개인이 할 수 있는, 자기 보존을 위

2장 『리바이어던』 읽기 123

한 불가피한 방책이기 때문에 일반적으로 허용될 수밖에 없다.(13장, 83쪽)

만인이 만인에 대해 전쟁을 벌이는 상황에서는 그 어떤 것도 불의한(unjust) 것이 될 수 없다. 옳음과 그름, 정의와 부정의(injustice) 같은 개념들은 서로 구분되지 않기 때문이다. (……) 정의와 부정의는 사회 내에 존재하는 사람들과 관련된 성질일 뿐, 고립되어 살아가는 사람들과는 아무런 관련이 없다.(13장, 85쪽)

이 같은 진술에서 드러나듯이, 인간의 사악한 이기심과 타산적 욕망은 '외견상' 도덕적으로 악한 것처럼 비친다. 하지만 그것들은 본질상 인간의 내적 운동으로서 자기 보존을 위해 작동하는 도구적 수단과 같은 것이다. 곧 인간은 천성적으로 심성이 사악하고 윤리적으로 악한 존재가 아니라는 것이다. 다만 인간을 둘러싼 주변의 환경이나 사회 구조적 여건에 따라 외관상 도덕적으로 악한 것처럼 보이는 방식을 선택하고 그에 따라 처신할 수밖에 없었던 셈이다. 그러므로 개체 보존을 확고하게 보장하고 담보해줄 강력한 공통의 권력이 존재하지 않을 경우, 인간은 목숨을 유지하기 위해 자신의 욕망을 그처럼 이기적인 방향으로 분출할 수밖에 없다. 거꾸로 이는, 개인들의 개체 보존이 안정적으로 유지되는 상황에서는 이기적 욕망 대신에 상호 협력을 지향하는 욕구나 이타적인 욕망이 작용할 수 있다는 것을 말해준다. 한마디로 인간은 주변 상황이나 사회 구조적 환경에 따라, 도덕적으로 악한 존재가 될 수 있으며, 반대로 상호 협력적이며 이타적인 도덕적으로 선한 존재도 될 수 있는 것이다.

인간, '합리적' 이기주의자

마르틴 루터(Martin Luther, 1483~1546)와 마키아벨리(Niccolò Machiavelli, 1469~1527), 홉스 등은 그리스도교 교의의 영향에서 결코 자유롭지 못한 서양 지성사에서 '원죄론'을 근간으로 한 성악설을 주창한 대표적인 사상가로 오랫동안 인식되어왔다. 그러나 이미 살펴본 바와 같이, 홉스는 인간을 근본적으로 악한 본성의 소유자로 고정하고 있지 않다. 보다 정확히 말해서, 홉스가 규정한 인간은 악한 이기적 욕망과 본성뿐 아니라 이성적이며 선한 심성 또한 지닌 존재이다. 이 점은 인간의 욕망들 가운데 하나로, 선을 베풀려는 욕망인 자비에 대한 해명에서 확인된다.

> 다른 사람에게 선을 베풀려는 욕망은 자비(benevolence) 또는
> 선의, 자선이라고 한다. 이것이 사람에게서 드러날 때 선한 성
> 품이라고 한다.(6장, 37쪽)

이어 홉스는 두 차원의 상반된 인간의 본성들 중, 생존 투
쟁과 같은 극한 상황에서 악한 본성이 보다 더 잘 발현되는 까
닭을 해명한다. 홉스에 따르면, 그 주된 원인은 부정적 본성과
친화력을 지닌 외적 환경이나 사회 구조적 조건에 있다.

이 점을 구성원들 간에 상호 감시·고발하는 장치를 통해
주민들을 강력히 통제하는 전체주의 사회를 예로 들어 살펴보
도록 하자. 이러한 폐쇄적 전체주의 사회에서는 통치권력에 조
금이라도 저항하는 경우 가혹한 제재와 탄압이 가해진다. 따라
서 구성원들은 자신의 생명을 유지하기 위해 그러한 통제 방
식에 철저히 적응하고 마침내 길들여짐으로써 타인의 발언과
행동을 자동적으로 감시하게 된다. 그에 따라 그것이 체제 비
판적이거나 저항적인 경우 당국에 즉각 고발하는 것이 생활화
된다. 이러한 삶의 자세는 '탈맥락적인' 시각에서 보면 자신만
살아남겠다는 지극히 이기적이며 도덕적으로 온당치 못한 태

도로 드러난다. 하지만 독재 체제에서 생명을 보존하며 살아갈 수밖에 없는 대부분의 구성원들에게 그러한 행동 양식은 자신의 개체 보존을 위해 어쩔 수 없이 취할 수밖에 없는 최선의 생존 방식인 셈이다.

이렇듯 생존을 위해서라면 도덕적으로 파렴치한 행위마저 마다하지 않는 사악한 인간의 모습은, 홉스에 의하면 전쟁 상태와 같은 지극히 '제한적인 조건'하에서나 볼 수 있는 인간의 한 단면에 불과한 것이다. 생명권을 비롯한 개인의 권리와 자유가 온전히 보장되는 개방적 민주 사회라면, 그처럼 생존을 위해 타인을 고발하고 해치는 윤리적으로 지극히 사악한 삶의 태도를 취할 필요가 없다는 것이다. 한마디로 그 같은 부정적이며 이기적인 악한 인간의 본성은, 무(無)맥락적이며 시공을 초월한 고정 불변의 것이 아니라는 말이다. 그러므로 만약 인간의 삶을 둘러싼 정치적·사회적 환경이 열악하고 치명적인 상태로부터 자기 보존을 확실히 유지할 수 있는 상태로 변화 가능하다면, 인간의 본성 또한 긍정적이며 선한 속성들이 보다 잘 발현되는 방향으로 기능한다. 그에 따라 인간 또한 이기적 욕망의 존재로부터 비이기적이며 심지어 이타적인 존재로 전환되어 살아갈 수 있다.

이러한 경험적 사실에 관한 지적과 함께, 홉스는 인간이 지닌 욕망과 정념의 탐욕스럽고 폭력적인 성격에 대한 비판적 논의를 통해, 그러한 정념과 욕구 자체 역시 본래적으로 사악한 것이나 도덕적 죄악이 아니라는 점을 분명히 한다.

> 인간의 욕망이나 정념들은 그 자체로는 결코 죄악이 아니다. 이러한 정념들에서 비롯된 행동들 역시 이를 금지하는 법이 있다는 사실을 알기 전까지는 결코 죄악이 아니다.(13장, 85쪽)

이러한 진술과 함께 홉스는 논의 과정의 말미에서 주목할 가치가 있는 매우 중요한 견해를 피력한다. 곧 인간을 악한 본성을 지닌 이기적 존재로 고정하지 않고, 상호 협력적이며 이타적인 행위자로서 간주할 수 있도록 해주는 또 다른 결정적인 실마리를 개진하고 있다. 다름 아닌 인간의 '이성'이다.

> 인간이 그처럼 가혹한 자연 상태에서 벗어날 수 있는 가능성이 없는 것은 아니다. 그 가능성의 일부는 인간의 정념에, 또한 일부는 인간의 이성에 있다.(13장, 86쪽)

이 대목에서 우리는 홉스의 희망적 시각, 즉 자비나 자선과 같은 '선한 정념'들뿐 아니라 '이성적 능력'을 통해 전쟁 상태에서 벗어나 새로운 평화 체제를 구현할 가능성을 확보할 수 있다는 지극히 낙관적인 통찰을 간취해볼 수 있다. 이때 이성적 능력이란, 죽음에 대한 공포가 난무하는 상황에서도 '합리적 인식'과 '이성적 판단'을 수행할 수 있게끔 만들어주는 인간의 능력이다. 이는 사유 작용의 하나이자 물체로서의 인간의 내적 운동이다. 이러한 특성을 지닌 이성으로 인해 인간은 열악한 환경과 조건에 처해 있는 경우에도 자기 보존을 위해 가장 유리한 행위나 선택이 어떤 것인가를 따져보고 판별하는 기능을 수행할 수 있다.

이상의 논의에서 드러났듯이, 홉스가 이해한 인간의 본성은, 비록 적지 않은 이기적 속성을 지니고 있지만 동시에 그것의 부정적 결과에서 벗어나고자 하는 선한 특성 또한 견지하고 있다. 나아가 인간은 악함을 지향하는 정념과 욕망들을 적절히 제어할 수 있는 이성을 또한 소유하고 있다. 홉스는 이 같은 인간 '본성론'에 입각하여, 특히 이성적 능력에 의거하여 새로운 평화적 질서 체제, 즉 '시민사회'[11]를 구축할 이론적·실천

---

11 시민사회의 개념은 홉스 사상에서 국가의 개념과 '거의 동일한' 의미를 갖는다. 1부에서 사용된 시민사회의 용어를 2부에서는 국가가 대신하고 있다. 하지만 '사회'라는 용어는 '시민사회'와 적지 않은 차이점을 드러낸다는 점에서 유의할 필요가 있다. 곧 '시민사회' 혹은 '국가'는 정치적 조직체로서 그 내부에는 다양한 정치적 구조들이 공통의 권력에 의해 그 기능들을 수행한다. 그에 비해 '사회'란 시민사회 또는 국가 수립의 이전 단계를 가리키

적 발판이 마련될 수 있다는 근대적 의미의 정치철학적 통찰을 제시할 수 있었던 것이다.

> 평화를 추구하게끔 이끄는 정념으로는 죽음에 대한 공포(……) 등이 있다. 그리고 이성은 사람들이 서로 동의할 수 있는 유용한 평화의 조항들(articles)을 제안한다.(13장, 86쪽)

며, 그런 탓에 통치자나 공통의 권력은 아직 형성되어 있지 않은 상태이다.

자연법과 자연권, 민주적 절대 평화론의 토대

자연 상태를 통해 홉스가 던지는 메시지

'자연 상태'라는 말은 홉스 말고도 같은 사회계약론자인 로크와 루소의 이론 체계에도 등장한다. 그렇지만 자연 상태는 홉스로 인해 그 독특하고 특수한 의미를 최초로 갖게 된 개념이라 할 수 있다. 홉스는 만인에 대한 만인의 전쟁 상태를 자연 상태라고 부른다.

인간은 그들 모두를 떨게 만드는 공통의 힘(권력)이 부재한 곳에서는 전쟁 상태에 돌입하게 된다. 이러한 전쟁은 만인에 대한 만인의 투쟁이라 불린다.(13장, 84쪽)

이러한 자연 상태는, 한편으로는 모든 인간이 각자의 생명과 삶을 보존해나가기 위해 자유와 권리(자연권)를 무제한으로 사용할 수 있는 '절대적 자유의 상태'로 드러난다. 하지만 다른 한편으로는 그로 말미암아 만인에 대한 만인의 투쟁이 끊임없이 벌어지는 '전쟁 상태'이기도 하다. 이러한 상황은 개인들의 생명을 유지하고 안전하게 생존할 수 있게끔 해주는 강력한 국가나 정부가 부재하다는 점에서, 무정부 상태라고 할 수 있다. 자신 이외에는 그 누구도 자신의 목숨과 삶을 존립시켜주지 못하는 만큼, 자연 상태에서 모든 개인들은 폭력에 고스란히 노출된 채 겨우 연명해나간다. 무엇보다 엄습해오는 죽음에 대한 공포가 모든 개인들의 의식을 사로잡고 있는 탓에, 물체로서의 인간에게 부여된 개체 보존이라는 궁극적 존재 의미와 목적을 상실케 할 폭력적이며 위협적인 상황이 끊임없이 펼쳐진다. 사정이 이렇다 보니, 이성적 판단력 대신 힘의 논리에 기초한 폭력이 난무하며, 비참하게 죽음을 기다리는 것 외에는 이렇다 할 대안이 없는, 고통에 찬 삶이 지속될 뿐이다.

그렇다면 대체 홉스는 이러한 자연 상태를 통해 우리에게 어떤 메시지를 전달하려는 것일까?

첫째, 강력한 통치권이 정립되어 있지 못하거나 현저히 약화되어 개인들의 자기 보존이 확실히 보장되지 못하는 경우에, 자연 상태는 언제든지 '현실화'될 수 있는 정치 사회적 혼란 상태라는 점을 말하고자 한다. 이런 점에서 자연 상태를 '역사적으로' 인간 사회가 성립되기 이전에 실제로 존재했던, 말 그대로 자연적인 원시적 상태라고 이해해서는 곤란하다.

둘째, 벗어나거나 극복해야만 할 부정적인 '사회상', 다시 말해 보다 안정되고 평화로운 사회 체제 건립의 필요성과 정당성을 확보하기 위한 극복의 대상이 다름 아닌 자연 상태라는 사실을 말하고자 한다. 그와 함께 이러한 자연 상태는 실제로 존재했던 것이 아닌, 이론적으로 가정된 '가설적 상황'이라는 점을 홉스는 부연 설명하고 있다.

전쟁 상태나 그와 같은 시대가 존재한 적이 없다고 생각될 수도 있을 것이다. 나 역시 전 세계에 걸쳐 그러한 상태가 일반적으로 존재했다고는 결코 생각하지 않는다. 그러나 아직도 그러한 상태 속에 살고 있는 지역이 상당히 많다. 아메리카 대륙 곳곳에서도 적지 않은 야만인들이 현재도 여전히 국가

가 없는 상태에서, 앞서 말한 것과 같은 짐승 같은 삶을 살아
가고 있다.(13장, 85쪽)

물론 이는 가정된 상태이지만, 미루어보건대 홉스가 살아
갔던 16~17세기 영국 사회의 현실을 비유적으로 묘사하고 있
다고 볼 수 있다.

끝으로, 인간 '삶의 외적 조건'이 어떠하냐에 따라, 인간의
본성이 지닌 두 대립적인 측면, 즉 선한 속성과 악한 속성 가운
데 하나가 '선별적으로' 훨씬 잘 발현될 수 있다는 점을 우리
에게 전해주고자 한다. 이를 위해 홉스는 '자연 상태'와 '시민
사회'라는 두 사회상을 극명하게 대비하고 있다. 즉 자연 상태
는 인간의 악한 본성이 일방적으로 발로된 사회 상태인 데 반
해, 시민사회는 선한 본성과 정념이 이성의 인도하에 구축된
질서 정연한 평화적 사회 체제를 가리킨다. 이러한 대비적 구
도를 통해 홉스는 인간의 선한 본성과 이성적 특성에 합치되
는 평화로운 시민사회로의 이행이 '왜 필수적이며' 동시에 '이
루어져야만 하는지', 그리고 그것이 '어떻게 가능한지'를 논증
해 보여주고자 한다.

자연법과 이성: 평화 상태로 인도할 지도와 지도를 읽어낼 능력

홉스는 자연 상태를 개인의 생명조차 유지하기 어려운 대단히 참혹하고 절망스러운 상황으로 묘사하고 있다. 하지만 그럼에도 그 속에서 희망의 탈출구를 발견해낸다. 우선, 죽음에 대한 극도의 공포 및 생명에 대한 애착과 관련된 '정념'들은 인간들로 하여금 상호 공존과 평화를 추구하게 만든다. 더불어 인간의 '이성'은 그러한 평화로운 상태로 이행해나가야 할 근거를 제시하고 그 구체적인 과정과 방법을 주도한다. 이렇듯 홉스는 정념과 이성, 이 두 가지 인간의 근본적 특성에 대한 고찰을 통해, 인간의 이기적 본성이 무차별적으로 분출됨으로써 야기되었던 만인에 대한 만인의 투쟁 상태로부터 벗어날 탈출구를 확보하고자 한다.

> 사람들로 하여금 평화를 추구하도록 이끄는 정념으로는 죽음에 대한 공포, 안락한 삶을 위한 생활용품에 대한 욕구, 그리고 노력을 통해 그러한 용품들을 얻고자 하는 바람 등이 있다. 아울러 이성은 사람들이 서로 동의할 수 있는 유용한 평화의 조항들을 제안한다. 이것들을 우리는 자연법이라고 부른다.(13장, 86쪽)

이처럼 자연 상태로부터 평화로운 사회로 이행해나가는 데 있어서, 정념은 인간의 행위를 촉발하는 기능을 맡고 있다. 동시에 그러한 행위를 적절히 제어하면서 누구나 동의하는 방식으로 이루어지도록 견인하는 역할은 이성이 맡고 있다. 이는 감성이라 할 정념과 이성, 양자 사이의 모종의 역할 분담이라고 이해할 수 있다. 하지만 그 중요성을 굳이 가려본다면 아무래도 이성이 보다 주도적인 역할을 수행한다.

이때 자연 상태에서 벗어나 시민사회로 차질 없이 전환해나가기 위해서는, 무엇보다 사회로 이끌 '안내도' 또는 '지도'가 필수적이다. 홉스는 이것을 '자연법'이라고 칭하고 있다. 아울러 그러한 지도를 제대로 읽어내고 해독할 줄 아는 능력이 다름 아닌 인간의 '이성적 판단 능력'이다.

> 자연법은 이성에 의해 발견되는 계율(precept) 또는 일반적 규칙(general rule)을 가리킨다. 이러한 자연법에 의해, 인간에게는 자신의 생명을 파괴하는 행위나 자신의 생명을 보존하기 위한 수단을 박탈하는 행위가 금지된다. 아울러 자신의 생명 보존에 가장 적합하다고 생각되는 행위를 포기하는 것 역시 금지된다.(14장, 86쪽)

이 지점에서 한 가지 흥미로운 사실은 마치 이성의 성격이 변화된 것처럼 보인다는 점이다. 알다시피 홉스의 논의를 따라가다 보면, 애초 이성은 '어떤 행위나 결정이 인간의 자기 보존에 유리하거나 반대로 불리한가?'를 따지는 도구적·계산적 기능을 수행했다. 그런데 그 이후 이성은 점차 '윤리적 차원'에서 선과 악, 옳고 그름을 따지는 규범적 역할까지 수행하는 것으로 나타난다. 여기서 우리는 마치 이성의 본질적 특성이 질적으로 변해버린 것은 아닌가 하는 의문을 갖게 된다. 하지만 결론은 '그렇지 않다'는 것이다.

이미 살펴본 것처럼, 홉스에게서 이성의 작용은 인간의 내적 운동의 일환이며, 인간의 자기 보존에 기여하는 것이 어떤 것인가를 따지는 기능(운동)을 수행한다. 도덕적으로 선하거나 악한가의 여부를 따지는 것도 본질적으로 그것이 자기 보존에 부합하는가에 따른 판단이다. 이 점은 이성의 판단에 따라 도덕적으로 옳은 방향으로 행동하고 선택하는 것이 궁극적으로 인간의 개체 보존에 합치한다는 것을 말해준다.

사정이 이렇다면, 인간의 이성이 제대로 읽어내야 할, 새로운 시민사회로의 이행 과정에서 인간을 인도할 길잡이로서 자연법은 어떤 특징과 내용, 의미 등을 담고 있는가? 이와 관련해 홉스는 자연법의 기본 성격을 다음과 같이 진술한다.

자연법은 가장 능력이 떨어지는 사람조차도 알 수 있도록 쉽게 요약되어 있다. '너는 네 자신에게 일어나기 원치 않는 일을 남에게 행하지 말라.'(15장, 104쪽)

이들 자연법은 무엇이 인간의 자기 보존과 방어에 도움이 되는가를 말해주는 결론 또는 정리들(theorems)이다.(15장, 106쪽)

자연법은 영원불변하다. 부정의와 배은, 오만과 자만, 불공평과 알랑거림 같은 것들이 합법적인 것이 될 수는 결코 없기 때문이다. 전쟁이 생명을 보존시키고 평화가 생명을 파괴하는 일 따위는 결코 있을 수 없기 때문이다.(15장, 105쪽)

자연법은 내면의 법정에서(in foro interno) 의무를 지운다. 즉 자연법대로 이루어져야 한다는 의욕을 갖도록 구속한다.(15장, 105)

여기서 드러나듯이, 홉스는 자연법을 '인간이 마땅히 따라야 할 당위적 법칙이자 행위의 옳고 그름을 따질 수 있는 보편적 규범'으로 파악하고 있다.

자연법의 기본 이념: '자기 보존을 원하면 평화를 추구하라'

홉스는 인간 이성만이 인식할 수 있는 자연법을 모두 19개로 정리하여 제시하고 있다. 그에 따르면, 이러한 법칙들은 '평화의 추구'라는 기본 이념에 그 뿌리를 두고 있다. 이미 확인한 바 있듯이, 자연 상태에서는 누구나 예외 없이 자연권과 자유를 무제한으로 사용하고 있는 탓에, 아무리 강한 사람이라도 자신의 개체 보존을 제대로 이룰 수 없다. 오히려 자기 파멸에 이르기 쉽다. 동시에 이런 상황을 접하면서 인간은 상호 간 투쟁이 아닌, 평화의 수립을 통해서만 자기 보존을 이룰 수 있다는 사실을 인식하게 된다. 이는 '자기 보존이 아무런 문제 없이 원활하게 이루어지기를 바라거든 평화를 추구하라'는 이성의 명령을 듣게 된다는 것을 의미한다.

홉스에 의하면 이러한 명령이 바로 자연법이다. 이러한 자연법은 '평화의 추구'라는 궁극적 이념을 표현하는 1개의 법칙과 그러한 이념을 현실에 구현할 방법을 내용으로 한 18개의 법칙 등, 총 19개의 법칙으로 구성되어 있다. 이 가운데 평화에 대한 추구라는 이념을 명시적으로 담고 있는 법칙이 '제1의 자연법', 즉 '기본 자연법'이다.

'모든 사람은, 평화를 얻을 수 있다는 희망을 가지는 한, 평화를 얻기 위해 노력해야만 한다. 평화를 획득할 수 없을 경우에는 전쟁에서 이기기 위한 그 어떤 수단도 사용할 수 있다.' 이 법칙의 앞부분은 제 1자연법, 즉 기본 자연법을 가리키는 것으로 '평화를 추구하고 따르라'는 것이고, 뒷부분은 자연권의 요지를 나타내는 것으로 '무슨 수를 쓰더라도 자신을 방어하라'는 것이다.(14장, 87쪽)

이 대목에서 앞부분의 '평화를 추구하라'는 구절이 바로 모든 자연법의 토대를 이루는 기본 이념이다. 홉스는 이러한 메시지를 통해 제1자연법의 핵심이 '평화의 추구야말로 모든 인간이 마땅히 수행해야 할 삶의 목적'이라는 점을 우리에게 각인하고자 한다. 평화의 추구라는 삶의 목적은, 운동하는 물체로서의 인간이 지닌 궁극 목적인 자기 보존에서 노출된 것이란 점에서, 양자는 근본적으로 합치한다.

다른 한편, 나머지 18개의 자연법은 이러한 삶의 목적의 성취를 위한 수단과 방법을 가리킨다. 그 가운데 특히 주목할 만한 것은 제2자연법이다.

기본 자연법으로부터 다음과 같은 제2자연법이 도출된다. '사람은 누구나 평화와 자신의 방어를 위해 필요하다고 판단되는 한, 모든 것에 대한 권리를 기꺼이, 다른 사람과 마찬가지로 똑같이 포기해야만 한다. 동시에 자신이 다른 사람에게 허용한 만큼의 자유를 타인에 대해 갖는 것으로 만족해야만 한다.' (……) 모든 인간의 삶의 목적은 자신의 생명을 보존하고 아울러 생명을 보존하기 위한 수단들을 안전하게 확보하여 삶이 고단해지지 않도록 하는 것인바, 권리를 포기하거나 양도할 때에도 바로 그러한 동기와 목적에서 이루어지는 것으로 보아야 한다. (……) 이때 권리를 상호 양도하는 것을 계약이라고 한다.(14장, 87쪽)

홉스가 개진한, 수단적 지위를 갖는 18개의 법칙은 그 중요성에서 모두 동등한 것은 아니다. 특히 제2자연법은 그 중요도에서 주목할 만한 가치가 있다. 왜냐하면 그것은 '평화로운 사회의 수립을 위한 보다 구체적인 실천 방안'을 우리에게 일러주는 법칙이기 때문이다. 다시 말해서 제2자연법은 모든 사람이 추구하는 평화가 현실에서 실제로 구현되기 위해서는 무엇보다 '각자의 자연권과 자유를 제한해야 한다'는 사실을 우리들에게 특별히 요구하고 있기 때문이다.

물론 이러한 제한성은 반드시 '자발적으로' 가해져야 하며, '상호 호혜적인' 계약이라는 절차를 통해 이루어져야 한다는 점도 잊지 않아야 함을 홉스는 상기시키고 있다. 이처럼, 제2자연법은 나머지 17개의 법칙들과 동일하게 '평화의 추구'라는 목적을 달성하기 위한 수단의 지위를 갖지만, 그것들과 달리 수단으로서의 자연법이 지닌 '본질적 특성'을 총괄적으로 해명하고 있다. 이런 점에서 제2자연법은 수단적 지위를 갖는 18개 자연법의 '대표 법칙'이라 할 수 있다.

제2자연법 외에, 수단적 지위를 갖는 자연법 몇 가지를 소개해보면 다음과 같다.

> 제5자연법: 모든 사람은 자기 자신 외의 다른 사람을 받아들이려고 또는 다른 사람에게 공손하도록 노력해야 한다. (……)
> 제9자연법: 모든 사람은 다른 사람도 자신과 본질적으로 동등한 존재라는 사실을 인정해야 한다. (……)
> 제16자연법: 분쟁 중에 있는 사람은 중재자의 판결에 자신의 권리를 맡겨야 한다. (……)
> 제18자연법: 그 어떤 소송에서도 부당하게 일을 처리할 만한 자연적 소질을 지닌 사람은 재판관이 될 수 없다.(15장, 100~104쪽)

사회계약: 민주적 근대 시민사회의 원천

폭력의 규범적 통제를 위한 계약론적 해법

홉스에 의하면, 막강한 공통의 권력이 부재한 자연 상태에서는 생존을 위한 개인들 간의 처절한 전쟁 상황이 벌어진다. 하지만 그처럼 살아남기 위해 벌인 투쟁은 역설적으로 '자기 보존' 대신 '상호 공멸'이라는 최악의 비극적 사태를 개인들에게 안겨줄 뿐이다. 그 순간, 인간의 이성은 '자기 보존을 확실히 챙겨주는 방안으로 투쟁보다 평화가 백배 천배 낫다는 사실'을 깨닫고는 곧바로 평화 체제를 구현할 새로운 실천 방안을 모색하기 시작한다. 이때 홉스가 말하는 평화란, 정당화된 권력을 통해 확보된 평화이다. 곧 '힘에 대한 제어'를 통해 통치권력이 폭력으로 변질되는 사태를 방지할 수 있을 때 확보되는 그러한 평화이다. 그런 만큼 강력한 통치권력, 그것도 정당화된 권력을 확립하는 것이야말로 평화 체제의 구성과 유지를 위한 필수적인 선결 조건이다. 왜냐하면 정치적 지배권력에 구성원들이 '자발적으로' 따르고 복종하는 것은 그것이 규범적 정당성을 지니고 있기 때문이다.

그런데 홉스에 의하면, 그러한 통치권력의 정당화는 오직 '사회계약'을 통해서만 가능하다. 사회계약은 부당한 정치권력과 폭력이 난무하는 전쟁 상태를 끝장내고 '무제약적인 힘의 남용'을 '합법화된 힘의 사용'으로 전환하여 평화 체제를 구현하는 데 목적이 있기 때문이다. 말할 것도 없이 이러한 사회계약의 방법을 고안하고 제안한 것은 다름 아닌 인간의 이성이다.

홉스는 청교도 혁명 등을 몸소 체험하며 그 비극적 사태를 목도하고 실제 전쟁의 공포와 죽음에 대한 두려움에 전율했던 철학자였다. 그런 연유로, 홉스는 통치권의 분열이 야기하는 폭력적 사태의 원인과 귀결에 대한 과학적 분석을 통해 극복 방안을 마련하고자 전력을 기울였다. 그리고 그 실천 방안으로 사회계약을 통해 정당한 통치권력을 수립하고 그것에 기반하여 안정된 평화 체제를 구축하는 것이 제안되었다. 그렇다면 이 지점에서 왜 홉스는 평화로운 시민사회의 건립을 위한 여러 방법들 가운데, 특히 개인들 사이의 절차적 계약 방식을 제안하고 있는지 궁금해진다.

우선, 홉스는 『리바이어던』에서 '평화의 추구는 거역할 수 없는 지상 명령'이라고 선언하고 있는데, 그렇게 한 '일차적 의도'는 무엇인가 하는 점을 검토해볼 필요가 있다. 알다시피 홉스는 자연 상태에서 벌어진 폭력적 사태를 종식하고 평화를 수립하기 위한 도덕적 근거로 자연법을 들고 있다. 기본적 자연법인 제1자연법은 '평화를 추구하라'는 것이고, 이어 제2자연법은 '평화를 구축하기 위해 상호 이익이 되는 사회계약을 맺을 것'을 명령하고 있다. 이 점을 진지하게 감안할 경우, 항구적 평화 체제를 구현할 방안을 강구하는 과정에서 홉스는 그 필수적 전제 조건인 '정당화된' 강력한 지배권의 수립이 오직 '자발적인 절차적 방안'인 계약을 통해서만 가능하다고 보아, 그러한 제안을 내놓은 것이라 볼 수 있다.

다음으로, 홉스가 살았던 시기의 정치·사회적 배경을 살펴볼 필요가 있다. 17세기 당시는 '개인'이 집단에서 해방되어 역사의 전면에 등장하기 시작하던 시기이며, 그에 따라 개

유기체설

유기체설은 흔히 '사회 유기체설'이라고 하는데, 이는 사회를 일종의 유기체로 간주하여 살아 움직이는 독립적 생명체처럼 다루고 탐구하는 입론을 가리킨다. 사회에 대한 이러한 접근 방식은 고대나 중세 사회에도 존재했었지만, 본격적인 사회학설로 자리 잡게 된 것은 19세기의 철학자 겸 사회학자였던 허버트 스펜서(Herbert Spencer, 1820~1903)에 와서이다. 사회 구성원들 간의 관계를 생명체를 이루는 기관들 간의 조화에 비유해 사유하고 규명하는 탓에, 현 사회 상태를 옹호하는 보수적인 입장으로 간주되곤 한다.

인의 권리와 자유가 점차 중시되어나가던 과도기였다. 이러한 시대 흐름 속에서 개인들이 살아갈 사회 또한 개인들의 자유로운 선택과 합의를 통해 구성되어야 한다는 자유주의적 철학적 발상이 자연스레 일어나고 있었다. 그러한 시대정신을 적확히 포착하고 있던 홉스는 근대 '개인주의적 자유주의'의 특성을 사회계약이라는 개념을 통해 적극 반영했다고 볼 수 있다. 이러한 해석은, '철학 사상은 시대의 산물'이라는 철학사적 진리, 더불어 '사회적 존재가 의식을 규정한다'는 마르크스 철학의 기본 원리를 고려할 경우 충분히 이해 가능하다.

이로부터 저 유명한 사회계약론이 홉스에 의해 사상사에 마침내 그 모습을 드러내게 되었다. 이는 당시 사회의 구성과 출현을 설명하는 대표적 입론이었던 '유기체설'을 대체하여 새롭게 제시된 것이었다. 이 같은 시대 상황 속에서 개진된 홉

심의 민주주의

심의 민주주의란 구성원 누구나 정치적 담론이나 공론장에 참여하여 당면 현안에 관한 각자의 입장과 그것을 뒷받침할 근거를 제시하는 가운데 상호 간의 논박과정을 거쳐 합의에 도달하고 그로부터 도출된 합의 사항이 입법화의 과정 등에영향을 미쳐 현실 정치에 반영되는 절차적 민주주의의 양식을 가리킨다. 이는 '숙의 민주주의'라고도 불린다.

스의 사회계약론은 이후 로크와 루소를 거쳐 완성된 체계를 갖춤으로써 철학사에서 가장 중요한 시대사조의 하나인 '계약론적 전통'으로 자리매김하게 된다. 그리고 이는 오늘날 존 롤스(John Rawls, 1921~2002)의 '절차로서의 공정'이나 하버마스의 '심의 민주주의(deliberative democracy)'의 형태로 재구성되어 새롭게 진화해나가고 있다.

그와 함께 유념해볼 사항은, 홉스가 사용하는 계약이란 용어의 의미가 우리가 통상 이해하고 있는 것 이상의 내용을 함축하고 있다는 점이다. 곧 홉스가 말하는 계약은, 그 자신이 보다 엄밀하게 규정한 '신의 계약(信義契約, covenant)'이라는 개념을 토대로 삼고 있는 용어이다. 여기서 신의 계약이란 '계약의 두 당사자 가운데 한편이 자신은 체결된 계약의 내용을 이미 이행한 가운데, 아직 계약을 이행하지 않은 나머지 다른 한편이 일정한 기간이 지난 후에 계약을 이행할 것이라는 점을 전적

신의 계약

홉스에 의하면, 계약은 권리를 계약 당사자 간에 상호 양도하는 행위다. 한데 이러한 양도 행위는 계약이 이루어진 시점을 기준으로 크게 두 가지로 나눠볼 수 있다. 그 하나는 일반적인 행태로서, 양 당사자가 체결된 계약의 내용을 즉시 이행하는 경우이다. 다른 하나는 한쪽은 계약 내용을 즉시 이행하는 데 비해, 다른 한쪽은 이후에 이행하겠다고 '약속'하는 경우이다. 이러한 약속에는 반드시 그것을 준수할 것이라는 전폭적인 '신뢰'가 바탕에 깔려 있다. 이처럼 계약 속에 신뢰가 전제된 경우를 홉스는 신의 계약이라고 이름 붙였다.

으로 신뢰하고 기다리는 것'을 주된 특징으로 삼는 개념이다. 곧 두 계약 체결자 중 한쪽은 즉시 계약을 이행하는 반면, 다른 한쪽은 향후 일정한 시일이 경과한 후에 계약을 이행한다는 점이, 신의 계약의 주된 특징을 이룬다. 더불어 상대방에 대한 절대적인 '신뢰'가 핵심으로 작용한다. 이러한 신의나 믿음이 없다면 신의 계약은 체결되기 어렵기 때문이다. 실제로 홉스는 이러한 상호 신의 내지 신뢰를 바탕으로, 군주와 구성원들 간의 계약을 성사시키고자 한다. 곧 모든 개별 구성원들이 자신의 권리 일체를 군주에게 '먼저' 양도하고, 그 '이후에' 강력한 통치권을 확보한 군주로부터 자신들의 '자기 보존'을 보장받는, 그 같은 일련의 절차적 계약 과정을 '신의 계약'의 이름으로 정교화하고 있다. 이어 홉스는 그러한 신의 계약을 핵심으로 한 자신만의 고유한 사회계약 입론을 활용하여 질서 정연한 시민사회를 건립하고자 시도한다.

사회계약의 두 단계: '직접' 계약과 '간접' 계약

신의 계약을 바탕으로 한 홉스식의 계약은, 구성원들 간의 자유로운 계약과 합의를 거쳐 강력한 통치권을 수립하고 그것을 통해 권력의 남용이나 변질을 제어하여 평화로운 시민사회를 구성하려는, 그의 사회계약론의 핵심을 형성한다. 이러한 계약의 절차는 크게 두 단계로 나뉘어 진행된다.

첫 번째 단계는 '개인과 개인 사이'에 맺어지는 계약이다. 이는 전쟁 상태에서 탈피하여 평화를 추구하기 위해 개별 구성원들 사이에 우선적으로 요청되는 계약이다. 하지만 이 단계에서의 계약만으로는 투쟁 상황에서 벗어나 자기 보존을 확실하게 보장하는 것이 결코 가능하지 않다. 그러한 계약 혹은 약속을 위반할 경우에, 이를 제재할 강력한 '공통의 힘(권력)'이 마련되어 있지 않기 때문이다.

계약자 쌍방이 계약 사항을 현재 이행하지 않은 상황에서, 상호 신뢰에 의거하여 자연 상태에서 신의 계약이 맺어졌다면 그 계약은 여러모로 실효성이 없다. 하지만 그들 쌍방으로 하여금 약정된 채무를 이행하도록 강제할 충분한 권리와 힘을 갖춘 공통의 힘이 존재한다면, 그 계약은 무효하지 않다. 모든 사람이 평등할 뿐 아니라 각자 지닌 공포심의 정당성에 관한 판단도 각자가 내리는 자연 상태에서는, 그 같은 강제적 힘을 기대하기 어렵다. 강제적 힘에 대한 두려움이 없으면 말로 맺어진 약정은 인간의 야심이나 탐욕, 분노와 정념을 억제하지 못한다.(14장, 91쪽)

이런 이유에서, 정치적 실효성이 실질적으로 담보되는 계약, 즉 두 번째 단계의 계약이 또다시 요청된다. 이는 비유적으로 이론상 개인들과 통치권자 사이에 맺어지는 계약이다. 왜냐하면 두 번째 단계의 계약이 실제로 개인들과 통치권자 간에 직접적으로 이루어지는 것은 아니기 때문이다. 『리바이어던』에서 홉스가 논하고 있는 계약은 통치자와 피통치자 양자가 서로 얼굴을 맞댄 채 직접적으로 이루어지는 것이 아니라, 피통치자인 개별 구성원들 사이의 동의 및 합의를 통해 이루어지는 것이다. 비록 두 번째 단계의 계약이 개인과 통치자 사이에 '간접적으로' 이루어지는 형태이지만, 상징적 차원에서 통치자와 개인 간에 이루어지는 계약으로 충분히 해석될 수 있다. 통치권력의 정초 과정은 간접적인 형태라고 해도 결국 개인과의 계약을 통해 통치자가 그 정당성과 권위를 부여받음으로써만 정치적 지배권을 소유할 수 있게끔 그 절차가 주조(鑄造)되어 있기 때문이다. 이런 연유로 두 번째 단계에서 이루어지는 '정치적 계약(political contract)'은 개인과 통치자 사이의 (간접적 형태의) 계약으로 읽힐 수 있다.

여하튼 이 같은 성격을 내장한 두 번째 계약은 앞서 개인들 간의 첫 번째 계약을 통해 이루어진 '필수 계약 사항들'을 그 어떤 개인도 위반할 수 없도록 '실질적인 방지책'을 수립하기 위해 요청되는 것이다. 왜냐하면 계약을 통해 발생된 '의무'를 위반하는 개인에 대해 현실적으로 제재를 가할 수 있는 강력한 정치적 권력이 부재한 상황에서는 개인의 일차적 목적인 자기 보존을 이룰 수 없기 때문이다.

> 언어의 힘만으로는 개인들이 스스로 맺은 신의 계약을 준수하도록 만들기 어렵다. 하지만 인간의 본성 안에는, 신의 계약을 준수하도록 만들 수 있는 것이 두 가지 있다. 그 하나는 약속을 어겼을 때 생겨나는 결과에 대한 공포심이다. 또 다른 하나는 타인에게 약속을 잘 지키는 사람으로 평가받고자 하는 명예심 또는 자긍심이다. (……) 시민사회 시대 이전이나

전쟁으로 시민사회가 중단된 때에는 탐욕과 야심, 육욕 등과
같은 강력한 욕망의 유혹에 맞서 평화에 관해 합의된 신의 계
약을 강화할 수 있는 것은, 보이지 않는 힘에 대한 공포심 이
외에는 없다.(14장, 94쪽)

자연법은 그것을 준수하도록 만들 수 있는 그 어떤 힘의 위협
이 없다면 지켜지지 않는다. (……) 곧 칼 없는 신의 계약은 공
허한 말장난에 불과하며 인간을 보호할 힘이 전혀 없다.(17장,
111쪽)

이로부터 알 수 있듯이, 개인과 통치자 사이의 약속과 계약
이 실제적 효력을 발휘하기 위해서는 계약을 위반한 개인들을
처벌할 수 있는 강력한 정치적·공적 권력의 확보가 핵심 과제
로 주어진다. 그런데 이는 신의 계약을 통해, 특정 개인이나 집
합체로 하여금 규범적 정당성과 정치적 권위성이 담보된 '공
통의 힘'을 소유하도록 허용하는, 그런 한에서 강력한 통치권
자 내지 통치권력체(權力體)를 정립하는 일에 다름 아니다.

사정이 이렇다면, 전쟁의 공포에서 탈피하여 평화 체제를
구현함에 있어서 그 성패는 사회계약, 특히 두 번째 단계의 계
약을 통해 '강력하면서도 정당한' 공적 권력을 확보하느냐의

여부에 달려 있다. 이것이 성공적으로 완수될 경우에만 '자기 보존의 목적을 달성하기 위해서는 평화를 추구해야만 한다'는 자연법의 기본 이념이 비로소 현실에 구현될 수 있기 때문이다. 이때 평화가 구현된 사회 상태란 강력하면서도 정당한 통치권이 확보되고 이를 통치권자가 정당하게 행사함으로써 개인들 간의 투쟁이 해소되고, 동시에 개인들 다수의 의지가 하나의 '인공적 인격체'인 통치자로 대변되어 그를 중심으로 완벽한 '사회적 통합'이 이루어진 상태를 가리킨다. 홉스가 꿈꾸었던 '평화로운 시민사회'가 바로 그것이다.

통치권의 정당성 원천: 개인들의 '자발적 동의'

사회계약에 관한 철학적 논의에서 홉스가 무엇보다 관심을 기울인 점은, 강력한 지배권력의 수립이 어떻게 가능하며 동시에 그 권위의 정당성과 권력 행사의 합당성이 어디서 확보될 수 있는가의 문제였다. 홉스는 이에 대해 '개인들의 자유로우며 자발적인 아래로부터의 동의'로 답하고자 한다.

다수의 군중은 한 사람 혹은 한 인격체에 의해 대표될 때, 특히 군중을 형성하는 개개인 모두의 동의를 얻어 그렇게 될 경우에 '하나의' 인격체가 된다. 이때 인격체가 하나이게끔 만드는 것은 대표자의 통일성이지, 대표되는 사람들의 통일성은 아니다.(16장, 109쪽)

이러한 홉스의 진술은, 자연 상태에서 개인들이 지닌 무제한의 자유와 권리를 포기하는 계약이든 또는 포기된 자연권을 통치권자에게 이양하는 계약이든, 모든 계약은 개인들의 자유로운 의지에 따른 자발적 동의를 통해 이루어진 것임을 말해준다. 아울러 모든 개인을 대표해 통치권을 행사하게 될 개인 혹은 집단에게 일체의 권리를 양도함으로써 정당화된 공통의 힘을 마련하는 과제 역시 모든 개인들의 동의 아래 '그 어떤 행위도 할 수 있는 권리'로서의 권한(authority)을 통치권자에게 위임(commission)함으로써만 가능하다는 점을 말해준다.

이렇게 볼 때, 통치권자와 다수의 개인들 간의 관계는 계약을 통해 맺어진 '대리인과 주인의 관계'로 우선 드러난다. 그렇지만 그러한 관계가 안정적으로 유지되며 동시에 정당한 것으로 수용되는 까닭은, 모든 개인들의 자유로운 자발적 동의에 기초한 권위와 권한의 위임에서 비롯된 것임을 또한 알 수 있다.

그렇다면 지배권력과 그것의 행사에 수반되는 규범적 정

당성과 합당성은 개인들의 '자발적인 동의'로부터 확보된다고 홉스가 '반복적으로' 강조하는 이유는 대체 무엇인가?『리바이어던』에 담긴 홉스 정치철학의 핵심을 보다 진보적인 시각에서 읽어낼 경우, 이는 민주주의 정치의 기본 원리 가운데 하나인 '국민 주권의 원리'를 암묵적으로 표방한 것이라고 볼 수 있다. 그런 만큼 홉스의 그 같은 강조는 '지배 세력의 통치권력은 인민의 동의와 지지를 바탕으로 행사되어야만 그 정당성을 확보할 수 있다'는 논지를 겨냥하고 있다고 보이기 때문이다.

만약 실상이 이와 같다면, 홉스가 그처럼 강조한 이유가 '지배권력의 행사에 따른 모든 책임은 그러한 권한을 위임한 개인들이 온전히 짊어져야 한다'는 점을 환기하기 위한 것이라는 해석도 충분히 납득이 간다. 개인의 '책임'을 언급한 것은, 그것이 수반하는 개인의 권리와 자유가 훼손되지 않기 위해서는, 권력의 위임 과정에서 보다 신중하고 숙고된 자세가 요구된다는 점을 강조하려는 의도로 보이기 때문이다.

홉스에 따르면, 통치권자는 모든 개인들의 동의와 허락하에 모든 개인들이 지닌 권리를 위임받아 행사할 수 있다. 따라서 통치권자가 지배권력과 권한을 행사하는 것은 궁극적으로 개인들 '본인'의 행위에 다름 아니다. 그런 한에서 정치적 권력의 사용에 따른 책임 역시 개인들에게 귀속된다. 확실히 이러한 논리 속에는, 통치권자에 의해 자행되는 권력의 남용은 궁극적으로 그에게 권력을 위임한 개인들의 잘못이라는 논지가 담겨 있다. 따라서 이는 언뜻 보아 통치자에게 면죄부를 주면서, 그의 모든 정치적 행태를 일방적으로 옹호하는 것처럼 보인다.

하지만 다른 시각에서 보면, '통치권의 올바른 행사냐 아니면 변질된 오·남용이냐'의 여부를 결정할 최종적 권한은 개별 구성원들에게 부여되어 있음을 홉스는 지적하고 있는 셈이다. 비록 현실에서 강력한 정치적 권력을 행사하는 것은 통치자이지만, 그런 통치자를 추대하고 구성원들이 지닌 일체의 권리를 위임하고 정치적 권한을 부여하는 최종 결정권자는 다름 아닌 개별 국민들임을 홉스는 지속적으로 우리에게 주지시키고 있는 것이다.

더불어 개인들 각자의 권리를 통치자에 위임하는 경우, 보다 숙고된 현명한 판단과 결정이 이루어져야 함을 강력히 권고하는 것이라 볼 수도 있다. 주지하다시피 오늘날 명색이 민주주의 체제하에서도 국민이 위임한 통치권력을 지배 집단이 자신들의 기득권을 확대·강화하는 데 남용하는 경우가 비일비재하다. 이는 해당 통치자와 지배 집단의 잘못이라고 할 수 있지만, 보다 근본적으로 따져볼 때 그들을 통치자로 선출한 국민 일반의 책임이라고 볼 수 있는 것과 상당히 유사한 논리라 할 것이다.

사회계약론 3인방: 홉스, 로크, 루소

이제껏 우리는 홉스 사회계약론의 대략적인 윤곽에 대해 살펴보았다. 그렇다면 이쯤에서 사회계약과 그것의 필요성이 제기되는 상황인 자연 상태에 관한 홉스의 입장이 로크나 루소의 그것과 어떤 차이가 있는지 한번 정리해볼 필요가 있다. 자연 상태나 사회계약론에 관한 한, 사회 사상사나 철학사에서 홉스와 로크, 루소는 결코 빼놓을 수 없는 핵심적 인물들이기 때문이다. 그러므로 이들 3인의 논변과 입장을 상호 비교해봄으로써 자연 상태와 사회계약론에 관한 홉스의 보다 독창적이며 고유한 시각과 관점을 확인해볼 수 있을 것이다.

그럼 먼저 로크부터 살펴보자. 자연 상태를 죽음의 공포가 전일적으로 장악·지배하고 있는 극단적인 전쟁 상황으로 인식한 홉스와 달리, 로크는 개인들 누구나 자유롭고 평등하고 평온한 상태로 바라보고 있다. 그런 만큼 자연 상태에서는 그 누구도 다른 이의 생각이나 행위, 소유물 등에 일절 간섭하거나 관여할 수 없다. 요컨대 로크의 자연 상태에서는 누구나 '자연법의 테두리 내에서' 자신의 양심에 따라 자유롭게 살아갈 수 있다.

그러한 자연 상태에서 특히 눈에 띄는 것은, 자신의 소유물인 신체를 활용하여 노동함으로써 얻은 결과물 역시 자신의 전유물로서 자유로이 소유하고 처분할 수 있다는 점이다. 한데 점차 인구수가 늘어나면서 개인들 모두의 '공동 자산'이었던 토지나 산림 등이 감소하고, 노동을 통해 획득한 재산의 크기에 따라 부자와 가난한 자가 생겨나고 빈부 격차가 갈수록 커지면서 경제적 불평등에 따른 사회적 갈등과 대립 또한 급속히 심화되어간다. 급기야 일부 사람들은 타인의 재산을 훔치고 심지어 죽이는 일까지 발생한다. 그에 따라 자연 상태에 놓인 개인들은 더 이상 각자의 생명과 자유, 재산을 안전하게 유지할 수 없는 상황에 놓이게 된다.

로크에 의하면, 바로 이와 같은 문제적 상황으로 인해 모든 개인들은 자유로운 사회계약을 통해 각자의 생명과 자유, 재산 등을 안전하게 보호할 수 있는 '정치적 장치'를 고안해 내고자 한다. 이것이 바로 정부 또는 국가이다. 한데 이러한 국가나 정부는 오직 개인의 생명권과 재산권을 보호하고 유지하기 위한 제도에 그칠 뿐, 그 자체 절대적 지배권력을 지니지 못하며 그것의 사용을 규범적으로 정당화할 타당한 근거 또한 갖고 있지 않다.

사정이 이러하므로 만약 국가가 그 구성원들에게 위임받은 권력을 통해 개인들의 안전과 생명, 재산을 온전히 지켜주지 못할 경우, 개별 구성원들은 곧바로 국가권력을 새로운 권력으로 교체할 수 있다. 게다가 필요하다면 '저항적 혁명'을 통해 정부를 전복하고 새로운 정부를 수립할 수도 있다. 그런 만큼 이러한 저항권 내지 혁명권은 개별 구성원들 누구에게나 부여되어 있다.

루소가 파악하는 자연 상태 역시 홉스의 자연 상태와 달리 평화롭고 자유로운 상태이다. 개인들 간의 육체적 차이에서 비롯되는 '자연적 불평등'의 간극도 그리 큰 편은 아니다. 그 속에서 살아가는 사람들 역시 순박하고 선량한 심성을 지니고 있다. 하지만 인류 사회가 차츰 문명화되고 사유재산 제도가 도입되면서 경제적 빈부 차이가 벌어지고, 그에 따라 선한 심성을 지녔던 인간들 또한 사악하고 이기적인 인간으로 변질되어버렸다. 더불어 개인들 사이의 인간관계 또한 자본을 매개로 한 주종 관계, 곧 가난한 자들이 부자에게 일방적으로 예속·지배되는 '정치적 불평등' 관계로 전락해버렸다. 요컨대 인류 사회가 자연 상태를 벗어나 문명 상태로 이행해나가는 도정에서,

일반 의지

일반 의지는 루소의 사회계약론 및 국가론의 중심 개념이다. 이는 루소가 제시하는 또 다른 의지의 형태인 '전체의지'와 구분된다. 전체 의지란 개인들의 사적 이해에 기초한 특수 의지의 총합에 불과한 것인 데 비해, 일반 의지는 개인들 각자가 지닌 사적 이익이나 이기심을 배제한 의지를 공동체에 넘겨줌으로써 일체화된 공동체의 의지이다. 이는 인민(people) 그 자체를 의미하며 공적인 이익을 위해 작용한다.

부정의하고 불평등한 비인간적 사회로 바뀌어버렸다는 것이다.

이러한 부정적 상황에 직면하여, 루소는 사회계약을 통해 자연 상태에서와 같이 모든 사람들이 선한 본성을 유지한 가운데 자유롭고 평등하게 살아가는 사회를 다시금 건설하고자 시도한다. 즉 사회계약을 통해 구성원들 각자의 의지를 결집하여 '일반 의지'를 형성하고 그것을 동력원으로 삼는 새로운 공동체 사회를 구축하고자 한다. 이러한 사회에서는 개인과 공동체가 각기 구분되지 않고 서로 '완전한 일체'가 된다. 특히 모든 개인의 개별 의지는 공동체의 의지에 완전히 합체되어 넘겨진 상태이므로, 공동체의 의지, 즉 일반 의지에 복종하는 것은 오직 자기 자신의 의지에'만' 복종하는 것에 다름 아니라고 본다. 게다가 그처럼 자신의 의지에 전적으로 복종하는 경우에 인간은 비로소 '자기 자신의 주인'이 되는 것이라고 루소는 주장한다.

이처럼 루소의 사회계약론에 따르면, 개별 구성원들은 공동체를 통해 자신의 사적 이익을 보장받고자 욕망하기보다, 반대로 공동체를 위해 자발적으로 헌신하고 희생하고자 한다. 이것이 진정한 개인의 행복이라는 것이다.

이 점에서 루소의 사회계약은 개인들의 권리와 자유, 복지 등 사적 이익의 보장을 위해 맺는 홉스와 로크의 사회계약과는 그 성격과 본질에서 분명한 차이가 난다. 로크는 특히 개인의 생명권과 소유권의 보호를 위해, 그리고 홉스는 자기(생명) 보존의 확실한 보장과 안정적 유지를 위해 사회계약을 맺어야 한다고 본다. 그에 반해 루소는 인간 공동체 자체를 구성하고 그것의 '최고선'을 구현하기 위해 개인들이 자발적으로 상호 결합하고자 사회계약을 맺는다고 본다. 이런 연유로 루소의 계약론은 상당 정도 '전체주의'의 흔적과 색채를 드러내 보여주고 있다. 반면 로크와 홉스는 전형적인 개인주의와 그에 입각한 자유주의 입장을 대변하고 있다.

자유주의적 국가론: 개체 보존을 위한 도구

　'국가(또는 코먼웰스)에 관하여'라는 제목의 2부는 앞의 1부에서 논의되었던 내용과 일부 반복되거나 중첩되고 있다. 그럼에도 1부의 내용들을 이론적 발판으로 삼아 한층 더 새로운 정보와 풍성한 논의거리를 제공해주고 있다. 국가의 기원과 본질, 주요 통치 형태들 간의 비교, 정치적 지배권력의 정당화와 폭력적 힘의 통제 가능성에 관한 논변, 맹아적 형태의 근대적 저항권론의 개진, 리바이어던(국가)의 몰락 요인에 관한 논의 등이 그에 해당된다. 그런 만큼 본격적으로 홉스가 구상하여 기술하고 있는 '국가론'의 윤곽을 살펴보도록 하자.

국가의 기원과 본질

인간론에 초점을 맞추어 정치적 논의를 전개해나간 『리바이어던』의 1부에서 홉스는 자연 상태에 대비되는 질서정연한 사회상으로 시민사회의 개념을 제시한 바 있다. 한데 국가론이 중점적으로 다루어지고 있는 2부에서는 시민사회 대신, 국가 또는 정치적 공동체(common wealth)의 개념이 본격적으로 등장하고 있다.

이처럼 국가의 기원과 탄생, 그리고 그 본질적 특성들을 다루고 있는 2부야말로 『리바이어던』의 가장 핵심적인 대목이라고 할 수 있다. 물론 앞의 1부에서도 국가에 관한 홉스의 기본적인 구상이 드러나고 있기는 하다. 이를테면 개별 인간의 삶의 목적이라고 할 개체 보존이 원활히 이루어져 나갈 수 있는 평화 체제로서 시민사회의 대략적인 윤곽 그리고 그것을 현실화하기 위한 조건과 방안에 관한 세부적인 논의가 개진되고 있다. 그런 만큼 사실상 국가론이 중심이 된 2부에서도 앞서 1부에서 제기되었던 주장이나 입장이 부분적으로 반복되고 있기도 하다.

이 점을 감안하면서, 지금부터는 국가 또는 정치적 공동체의 기원과 본질에 관한 정치철학적 주제를 홉스가 어떻게 다

・Concept Word・

코먼웰스

일반적으로 코먼웰스(commonwealth)는 '공동의 복지(common wealth)'라는 의미를
내장한 개념으로, 구성원 모두의 복지를 위해 조직된 '국가' 또는 '정치적 공동체'
를 가리킨다. 한데 역사적 맥락에서 코먼웰스는 17세기 잉글랜드 내전(청교도 혁
명) 이후 크롬웰의 공화정이 성립된 무렵에 '크롬웰 정부'나 '잉글랜드'를 지칭하는
용어로 사용되었다. 그에 따라 당시의 시대적 배경을 감안하면 코먼웰스는 '공화
국'이라는 의미를 나타내기도 한다. 다만 『리바이어던』이 크롬웰의 공화정하에서
출간되었음에도 불구하고, 홉스는 코먼웰스를 공화국이나 공화정이 구현된 정치
공동체의 의미로 사용하고 있지 않다. 오히려 17세기 당시의 용법에 따라 '국가(시
민국가)'나 '대의 정부'의 의미로 코먼웰스의 개념을 사용하고 있다. 그런 만큼 『리바
이어던』에 등장하는 코먼웰스는 공화정이나 군주정, 혹은 민주정 같은 특정 통치
형태나 정체와 무관하게 국가 또는 정부, 정치 공동체를 지칭한다고 볼 수 있다.

루고 있는가를 고찰해보려고 한다. 그럴 경우, 우선적으로 눈
에 들어오는 것은, 홉스가 국가의 필요성을 언급하고 있는 대
목이 될 것이다.

'다른 사람들로부터 대접받고 싶은 만큼 다른 사람들을 대우
하라'는 자연법은 그 어떤 힘에 대한 두려움 없이는 지켜지
지 않는다. (……) 곧 칼 없는 신의 계약은 공허한 말장난에 불
과하며 인간을 보호할 힘이 전혀 없다. 자연법이 존재하더라
도 어떤 권력이 확립되어 있지 않거나 설령 확립되어 있다고
해도 사람들의 안전을 보장할 만큼 충분히 강한 힘을 지니고

있지 않다면, 모든 사람들은 타인에 대해 경계심을 갖게 되고 그에 따라 자신의 힘과 기량에 전적으로 의존하려고 할 것이다.(17장, 111쪽)

홉스에 의하면, 모든 개별 인간의 궁극적인 목적인 '자기 보존'은 자연법이 인간에게 제시한, 누구나 반드시 따라야만 하는 '당위적 명령'의 하나이다. 그러나 자연 상태에서는 그러한 명령을 따르고자 하면 할수록 죽음의 공포가 만연한 전쟁 상태에 깊숙이 빠져들게 되어, 자기 보존은 더욱더 불가능해진다. 이런 점에서 자연법, 즉 '정언명령(定言命令)'은 자연 상태와 같은 극한적인 전쟁 상황에서는 단지 형식적인 구호에 그치고 만다. 요컨대 자기 보존을 실질적으로 보장해주는 안전판의 역할을 전혀 수행하지 못한다.

이러한 사회적·정치적 맥락 및 상황을 고려할 때, '평화를 실현하라. 그럼으로써 자기 보존을 성취하라'는 자연법의 명령이 실제적인 구속력을 지니기 위해서는, 개인들이 그러한 명령을 함부로 거역하지 못하게끔 강제하는, 강력한 권력을 소유한 '제재 장치'가 요청된다. 홉스는 이러한 요청에 부응하여, 절대적이며 동시에 정당화된 힘을 행사하는 통치권자 또는 통치권력을 정립하는 일에 매진했다. 한데 이는 결국 강력한 국가(권력)를 수립하는 과제에 다름 아니다.

강력한 국가야말로, 개인들로 하여금 '평화의 추구'라는 자연법을 따르게끔 강제할 뿐 아니라, 그렇게 함으로써 평화 체제의 실현과 더불어 개별 인간의 최고 목적인 개체 보존이 확실히 보장되게끔 만드는 가장 강력하고 효과적인 현실적 매체에 다름 아니다. 이로부터 우리는 '국가의 존립 목적은 개인의 안전'에 있다는 홉스 국가관의 기본적 입장을 읽어낼 수 있다. 동시에 '개인의 이익이 국가의 이익에 우선'하며, 국가는 개인의 이익을 보호하고 보장하는 '도구적 수단'의 역할을 수행해야 한다는 정치철학적 발상을 또한 확인하게 된다. 이로부터 우리는 홉스 철학이 지닌 다양한 외양에도 불구하고, 개인주의와 그것에 기반한 자유주의 이념의 옹호 논변으로서 홉스 정치 사상의 실체적 본질을 발견하게 된다.

'리바이어던'이라는 이름의 '절대 국가(권력)'의 탄생

모든 인간은 본성적으로 자신의 욕망을 무한히 채워나가려 한다. 하지만 그 과정에서 각각의 욕망들이 서로 충돌하면서, 폭력적 힘의 논리의 전일적 확산과 함께 타인의 욕망 충족으로 인해 자신이 폭력과 죽음의 희생자가 될 가능성이 급격히 높아진다. 이에 개인들은 자기 보존과 자기 욕망 충족이 확실히 보장되는 정치·사회적 조건과 환경을 강력히 희구하게 된다. 홉스는 이를 위한 방안으로, 그 누구도 감히 대적할 수 없는 무시무시할 정도의 절대적 권력을 지닌 인공적 물체로서 '리바이어던'의 수립을 제안한다. 이는 제아무리 막강한 폭력적 힘을 소유한 개인이라 해도 결코 함부로 넘볼 수 없는 '공통의 권력(common power)', 요컨대 강력한 국가(권력) 혹은 국가 통치자를 정립하는 과제를 가리킨다. 이로써 우리는 홉스가 책 제목으로 차용한 '리바이어던'이 절대적 지배권력을 갖춘 국가를 상징하고 있음을 확정적으로 간파하게 된다.

> 외적의 침입이나 개인들 상호 간에 가하는 위해를 방지하고, 대지의 열매를 수확하거나 노동을 통해 식량을 확보하며 만족스러운 생활을 누릴 수 있도록 보장해 주는 것은 다름 아닌 공통의 힘(권력)이다. 이러한 공통의 권력을 수립하는 유일한 방법은 모든 사람의 의지를 다수결에 따라 하나의 의지로 결집하는 것, 즉 모든 사람들이 자신의 권력과 힘을 '한 사람' 또는 '하나의 합의체'에 부여하는 것이다. (……) 이것은 동의 또는 화합 이상의 것이며 만인과 만인이 서로 신의 계약

을 체결함으로써 모든 사람이 단 하나의 동일한 인격체로 결합되는 것이다. 그것은 마치 만인이 만인을 향해 다음과 같이 선언하는 것과 같다. '나는, 당신 또한 당신의 권리를 그에게 양도하여 그의 행위를 승인한다는 조건하에, 나 스스로를 다스리는 권리를 그 사람 또는 그 합의체에 완전히 양도할 것을 승인한다.' 이것이 이루어져 다수의 사람들이 하나의 인격체 안에서 서로 결합하여 통일되었을 때, 이처럼 하나의 인격체 안에서 통일된 군중을 우리는 '코먼웰스(국가)' 또는 '키비타스'라고 부른다. 이것이 저 위대한 '리바이어던' 또는 '유한한 신(mortal God)'의 탄생이다.(17장, 114쪽)

『리바이어던』의 전체 논의 사안들을 통틀어 가장 극적인 장면을 보여주는 이 대목은 홉스가 얼마나 강력한 국가(권력)를 열망하고 있는지 단적으로 보여준다. 이는, 그러한 권력이 확보되지 못했을 시 사회적 혼란이 극심해지고 개인의 권리와 자유는 물론 생명마저 위태로워질 수 있다는 사실을 몸소 체험한 홉스 자신의 본능의 차원으로 내재화된 실존적 바람이 표출된 것이라 할 수 있다. 이러한 사실은 국가의 존립 목적을 재차 규정하는 대목에서 다시금 확인된다.

코먼웰스(국가)란 '다수의 사람들이 서로 신의 계약을 체결하여 설립한 하나의 인격체로서, 그들 스스로가 그 인격체가 행하는 행위의 본인이 됨으로써 공동의 평화와 방어에 필요하다고 생각할 때 그들 모두의 힘과 수단을 그(인격체)가 사용할 수 있도록 한 것'이다. 그리고 이 인격체를 이끄는 이가 다름 아닌 '주권자(통치권자)'이다.(17장,114쪽)

이처럼 홉스의 국가론에 따르면, 국가의 출현은 전쟁 및 공포의 종식과 함께 개인의 생명과 안전이 보장된 평화로운 정치적 공동체를 모든 이에게 제공하게 된다는 것을 의미한다. 물론 이때 국가나 국가권력은 그 자체로 중요성을 띠기보다는, 국가 구성원들의 생명과 권리를 보장하고 유지하기 위한 실질적인 수단이라는 점에서 의미가 있다. 한마디로 '국가를 위해 개인이 존재하는 것이 아니라, 개인을 위해 국가와 통치권력이 존재하는 것'이다.

그런데 이 지점에서 한 가지 강한 의구심이 든다. 비록 강력한 통치권 또는 국가권력에 의해 질서정연한 평화로운 체제가 구축되고 그에 따라 개인의 생명과 삶이 확실히 보존된다고 해도, 그러한 절대적 권력의 행사가 과연 '규범적 정당성'을 지니고 있는가 하는 점이다. 실제 현실에서는 정치적 정통성과 정당성이 결여된 국가권력을 통해 위로부터의 강압적이며 폭력적인 방식으로 통치자가 그 구성원들을 지배함으로써 외견상 평화 체제가 구현될 수도 있기 때문이다. 한국 사회만 해도 과거 군사독재 정권이 통치하던 시절이 그러했다. 당시 군사 정권이 동원했던 지배권력은, 그 자체 반민주적·반민중적 성격의 폭압적 권력으로서 국민들의 자발적 동의를 얻지 못한, 결코 정당화될 수 없었던 통치권이었다. 그럼에도 겉으로는 이른바 한국식 민주주의가 구현된 것인 양 선전되면서, 당시 한국 사회는 안정된 사회처럼 비쳐졌다. 하지만 내부적으로 국민들의 반감과 불만이 점차 쌓여갔고 마침내 그것은 민주화 투쟁으로 분출되기에 이르렀던 것이다.

이러한 문제점과 관련해 홉스의 경우에는 적어도 이론상으로는 그리 큰 문제가 없을 성싶다. 왜냐하면 개체 보존이라는 개인들의 궁극적 목적을 성취하는 과정에서, 통치권의 정당성은 피지배자인 국민들의 자율적인 권력 위임과 동의, 아울러 권력 행사의 자발적인 수용을 통해 확보되었기 때문이다. 이는 다음과 같은 홉스의 진술에서 확인된다.

나는, 당신 또한 당신의 모든 권리를 포기하고 그(국가 또는 통치권자)에게 양도하여 그가 하는 모든 행위에 정당성을 부여한다는 조건하에, 나 스스로를 다스리는 권리를 그 사람 또한 그 합의체에 완전히 양도할 것을 승인한다.(17장, 114쪽)

여기서 드러나듯이, 통치권자 혹은 국가는 국민의 권리를 대신해 행사하는 '대리인'이며, 국민은 대리인에게 권위를 위임하고 그에 자발적으로 복종하는 '본인(주인)'이다. 그러므로 무정부 상태와 같이, 개인의 자기 보존이 위태로운 상황을 종식하고 안정된 평화 체제를 구현하기 위해, 대리인인 통치권자가 부당한 폭력을 동원하는 행위 역시 주인인 국민이 하는 행위에 다름 아니다.

물론 그렇다고 해서, 지배권력은 통치권자가 제 마음대로 사용할 수 있는 그런 것이 결코 아니다. 그것은 대내적으로는 국민들 사이의 평화로운 관계 및 상태를 유지하기 위해서, 동시에 대외적으로는 외적의 침략으로부터 국민들의 생명과 삶을 수호하기 위해서만 사용될 수 있다. 다시 말해 국민에게서 위임받은 통치권은 오직 국민들 각자의 개체 보존을 위해서만 사용될 수 있는 것이다. 그러므로 만일 통치권자가 자신의 사사로운 이익을 위해 통치권을 남용하는 것은 허용되지 않는다. 그것은 국민 개개인의 자기 보존을 위협하는 결과를 야기하기 때문이다. 그런 연유로 홉스는 그러한 경우에 국민들이 자신의 통치자에게 저항할 수 있는 권리가 있음을 분명히 하고 있다.

자기 보존이야말로 모든 인간 존재의 궁극 목적이기 때문이다.

절대군주제에서 제한적 군주제로

외견상 '냉혹한 현실주의자'로서 홉스의 정치철학

일반적으로 홉스는 사상사나 철학사에서 절대군주제를 옹호한 사상가로 이해되어왔다. 단순화해서, 군주와 신민(국민) 간의 대립적 관계에 초점을 맞출 경우, 홉스는 단연 군주의 편에 섰다고 볼 수 있다. 그에 따라 군주에 의한 무제한적인 권력의 남용 역시 사실상 용인되고 있는 것으로 간주되었다. 왜냐하면 폭력적 힘의 사용을 통해서라도, 전쟁 상태를 끝장내고 평화를 실현함으로써 구성원들의 생명을 보장해주는 것이 군주의 최고 역할이며, 그런 이유로 군주에게 절대적 통치권을 부여했기 때문이다. 요컨대, 비록 구성원 개인의 권리와 자유가 제한되고 침해받더라도 보다 큰 이익, 곧 개인적 생명의 보존을 확실히 담보해주는 것이 급선무라고 홉스는 보았다는 것이다.

실제 역사적 상황에서도 홉스는 그처럼 군주가 강력한 정치적 권력을 행사하는 것에 별다른 이의를 제기하지 않았다. 홉스는 무능한 통치자나 강력한 통치권이 확보되지 않은 상황에서는 개인의 권리와 자유는 고사하고 목숨마저 부지하기 어렵다는 현실적 경험에 비추어, 그러한 태도를 취했던 것이다. 이는 청교도 혁명을 비롯한 당시 영국 사회의 정치·사회적 혼란이 강력한 통치권의 부재에서 비롯된 것이라고 보는 그의 시각과도 일치한다. 그가 보기에, 정당성이 결여된 다양한 정치 세력이나 교회 권력의 폭력적 힘을 통제할 막강한 통치권력이 존립하지 않은 탓에 그러한 전쟁 상태가 지속적으로 벌어졌던 것이다. 이런 연유로 홉스는 적어도 표면적으로 최고 통치자인 군주의 절대적 권한과 권력을 강력히 지지했다. 이로부터 우리는 냉혹한 현실주의자로서 정치적 태도를 분명히 하

고 있는 홉스 정치 사상의 진한 보수주의적 색채를 간취하게
된다.

> 이제 군주의 신민이 된 사람들은 그의 허락 없이는 군주제를
> 폐지할 수 없으며 무질서한 군중의 혼란 상태로 되돌아갈 수
> 도 없다. 또한 현재 자신들의 인격을 지니고 있는 그로부터
> 그것을 회수하여 다른 사람이나 합의체에 양도해줄 수도 없
> 다. (……) 주권의 설립을 통해 모든 신민은 주권자(통치권자)
> 가 행하는 모든 행위 및 판단의 '본인'이 되었기 때문에 주권
> 자가 어떤 행동을 하든지 그것은 신민들 그 누구에게도 해가
> 되지 않으며, 그 때문에 신민들로부터 부정의하다고 비난받
> 을 이유도 없다.(18장, 115~118쪽)

절대군주제에 대한 홉스의 옹호와 지지는 '통치권이 누구
에게 있느냐'에 따라 아리스토텔레스에 의해 구분된 정치의
세 가지 형태, 즉 군주 정치와 귀족 정치 그리고 민주 정치 가
운데 군주 정치가 가장 선호될 수 있다고 언급하는 대목에서
다시 확인된다.

> 군주 정치에서는 사적 이익과 공적 이익이 합치한다. (……)

신민들이 가난하거나 비열하거나 또는 궁핍과 불화 탓에 적과 전쟁을 수행할 수 없을 정도로 허약하다면, 군주는 그 누구든지 부유하지도 영예롭지도 않으며 게다가 안전하지도 않다. 그에 비해 민주 정치나 귀족 정치에서는 공익의 번영이 부패한 야심가들의 사적인 재산을 늘려주지 않는다. 그러한 사익을 증대하는 데에는 오히려 불충스러운 충고나 배신행위, 또는 내란이 더 낫다.(19장, 124~125쪽)

여기서도 드러나듯이, 비록 절대적으로 바람직한 국가의 통치 형태로 간주하고 있는 것은 아니지만, 다른 정부 형태와 비교하여 군주 정치가 상대적으로 나은 것이라고 홉스는 보고 있다. 당시의 경쟁적 사상가였던 로크와 비교해보더라도 홉스는 민주 정치에 비해 강력한 통치권을 토대로 한 군주 정치를 한층 선호하고 있다.

그렇다면 그처럼 홉스가 군주 정치를 선호하고 옹호하는 이유는 무엇인가? 이미 언급된 바 있지만, 이는 몸소 체험한 무자비한 폭력적 실태의 참상에서 초래된 고통과 비참함에 대한 홉스 본인의 병적인 두려움과 혐오감에서 그 우선적인 이유를 찾아볼 수 있다.

동시에 이와 관련해, 그 어떤 사상가보다 평화 체제를 열망하고 실천적으로 추구한 철학자가 홉스 자신이었다는 점도 들수 있을 것이다. 어쩌면 이러한 '평화추구적인' 혹은 '평화애호주의적인'[12] 철학적 지향성이 그로 하여금 강력한 군주 정치를 현실적으로 지지하게 만든 이론 내적 동기였을 가능성이 높다. 아마도 그가 희구했던 평화로운 사회 체제는 민주 정치를 통해서 확보되기에는 현실적으로 난관이 적지 않으며, 전적으로 강력한 정치적 통치권의 확립에 기초한 군주 정치에서만 구현될 수 있다고 홉스는 보았던 것 같다. 그에 따라 보다 시대 선도적인 민주주의적 제도 방안을 궁구하는 쪽으로 나아가지 못하고, 보다 손쉬운 현실주의적 방식을 선택하게 되었던 것으로 보인다. 이 점이야말로 홉스 정치철학이 갖는 '시대적 제약성'이자 다분히 보수적인 '현실적 안주성'을 드러내 보여주는 것이 아닐까 싶다.

---

12 김용환에 의하면, 홉스의 평화에 대한 일차적이고 궁극적인 관심을 제대로 포착하기 위한 개념으로 '평화주의'는 적합하지 않으며, 대신 '평화애호주의(pacificism)'라는 개념이 홉스 정치철학의 지향점과 궁극적 목표를 온전히 보여준다. 평화주의는 정치적인 운동과 관련되거나 반전운동 단체의 이데올로기로 사용되는 개념인바, 홉스 정치철학이 담고 있는 평화에 대한 철학적 관심을 드러내 보여주는 데 적절치 않다는 이유에서다. 김용환, 『리바이어던: 국가라는 이름의 괴물』, 살림출판사, 2005, 81~83쪽 참조.

계약론에 의거하여 군주 정치에 규범적 한계를 설정하다

이제껏 살펴본 것처럼 홉스는 다양한 국가의 통치 형태 가운데 군주 정치를 적극적으로 지지·옹호하고 있다. 그것이 현실적인 이유에서든 또는 이론적·사상적 관점에서든, 그것도 아니면 개인적 선호에 따른 것이든 말이다. 적어도 겉으로 드러나는 홉스의 입장은 절대군주제를 정당화하는 것처럼 '확실히' 비친다.

그러나 이는 현상적으로 그렇다는 것이지, 현상과 대비되는 본질적 혹은 실체적 차원에서도 그렇다는 것은 아니다. 그런 만큼 홉스를 '절대적 군주론자'라고 단정짓는 것은 그리 공정한 평가가 아닐 듯싶다. 비록 홉스가 군주제를 적극 옹호하는 것은 사실이지만, 왕권신수설을 사상적 토대로 한 기존의 절대군주제에 대립하는 철학적 노선을 걷고 있었다. 이 점을 진지하게 고려할 때, 홉스는 결코 맹목적인 절대군주론자가 아닌, 비판적이며 제한적인 군주론자라고 보는 것이 보다 정확하며 합당한 평가일 것이다.

익히 알려진 것처럼 왕권신수설에 의하면, 군주의 권력과 권한은 전적으로 신에 의해 주어진 것이며 통치권의 정당성과 신성성 또한 신의 승인을 통해 확보된 것이다. 이런 이유로, 통치권에 대한 백성들의 도전이나 저항은 그 어떤 경우에도 용납되지 않는다. 그러므로 피통치자인 백성들은 통치자를 선정하고 옹립하는 과정에 일절 관여할 수 없다. 이런 점에서, 통치권자와 통치권에 대한 백성들의 복종 역시 아래로부터 이루어진 자율적이며 자발적인 것이 아니라 '위로부터 일방적으로 강요된' 강제적인 것이다.

그런데 홉스가 옹호하는 군주제는 사회계약론에 그 이론적·사상적 뿌리를 내리고 있다. 그런 만큼 군주에 의해 행사되는 통치권의 확립과 그것의 정당성 확보는 피통치자인 백성들의 자발적인 동의와 합의, 아울러 그에 따른 권위 및 권한의 위임이라는 자유로운 계약적 절차 과정을 통해 이루어진다. 이는 현대의 일반적인 민주주의 형태인 절차적 대의 민주주의의 이념과 원리에 부합하는 선구적인 정치철학적 입론이라고 할 수 있다.

'코먼웰스', 즉 '국가'는 '다수'의 사람들이 서로 평화롭게 살아가고 타인들로부터 보호를 받을 목적으로, '만인 상호 간에' 합의하여, 다수결을 통해 어느 '한 사람' 또는 '하나의 합의체'에 모든 사람들 각각의 인격을 대표할 수 있는 '권리'를 부여하고, 그 사람 또는 그 합의체에 찬성한 자나 반대한 자

모두가 동일하게 그의 행위와 판단을 자신의 행위와 판단으로 인정하기로 동의하거나 '신의 계약'을 체결한 경우에 비로소 성립한다.(18장, 115쪽)

홉스 정치 사상의 실체가 이와 같다면, 홉스는 옳고 그름의 최종적 척도인 '신'에 의해 그 정당성을 인준받은, '왕권신수설'에 기초한 절대군주론을 옹호하는 철학자가 아님은 명확하다. 홉스는 이러한 절대군주제에 대해 근본적으로 비판적이며, 이를 새로운 시대 상황에 맞게끔 비판적으로 재구조화하고자 한다. 즉 아래로부터의 피통치자인 국민들의 자유롭고 자발적인 동의와 그에 따른 권력의 위임을 통해 그 정치철학적·정치윤리적 정당성이 확보되는, 일련의 계약론적 절차에 입각한 '제한적·상대적 군주제'를 구축하고 현실적으로 이를 견지하고자 한다.

제한적 군주 정치: 합리적 절충주의 혹은 정치적 기회주의?

이미 살펴본 것처럼 홉스는 군주제를 현실적 관점에서 상대적으로 가장 바람직한 체제의 형태로 수용한다. 하지만 홉스는 당시 막 일기 시작한 민주주의 및 민주 정치라는 시대 흐름을 일찌감치 감지한 영민한 통찰력의 소유자였다. 그래서인지 그가 새롭게 제시한 군주 정치에 관한 논변에서는 암묵적 혹은 명시적으로 민주주의 원리 및 이념의 요소들이 도처에 자리하고 있다. 그중 특히 군주 정치에 대해 현실주의적 해석을 가하면서도, 동시에 그에 대한 제한성과 한계를 민주주의의 원리 및 특성들로부터 차용하여 제시하고 있는 점은 주목해볼 필요가 있다. 어찌 보면 군주 정치에 대한 홉스의 정치철학적 논의는 민주 정치와 군주 정치의 특성들을 상호 결합하거나 절충한 이론적 타협의 산물이라고 볼 수 있다.

홉스는 민주주의와 민주 정치가 조만간 중심적인 통치 형태로 자리할 것이라는 점을 예견했을 것으로 추정된다. 그럼에도 그는 군주제를 다소간 어정쩡한 태도로 밀어붙였다. 그렇게 된 데에는, 이상과 현실 사이에서 고민하던 중 결국은 보다 안정적인 보수주의적·현실주의적 방향으로 입장을 선택한 것이 적지 않은 영향을 미쳤다고 할 수 있다. 곧 왕당파와 의회파 간의 정치·사회적 대립에 따른 지속적인 폭력의 난무와 혼란을 치유할 최선의 현실적 방안은 강력한 통치권을 바탕으로 한 군주제라고 판단했던 것이다.

하지만 그럼에도 홉스는 막강한 정치적 지배권력의 수립과 행사는 국민의 자율적인 동의와 승인에 의해서만 정당화될 수 있으며 그래야만 한다는 믿음을 한시도 저버리지 않고 있었다. 비록 자신의 모국인 영국의 급박한 정치·사회적 상황이 절대적으로 강력한 통치권을 필수적으로 필요로 한다고 주장하면서도, '무제약적인 지배권력'의 사용을 전면적으로 허용하는 절대군주제는 그러한 전쟁 상황을 극복하는 현실적 대안이 되지 못한다고 홉스는 판단했던 것이다. 왜냐하면 이러한 무차별적인 권력의 남용과 오용은 그에 맞서는 강력한 반발과 저항, 투쟁을 불러일으켜 또다시 내란과 전쟁의 소용돌이에 빠질 수 있다고 보았기 때문이다.

이러한 상황 인식으로 인해, 홉스는 무분별한 통치권의 행사를 차단하기 위해 '정당화될 수 있는 강력한 통치권의 수립과 그러한 권력을 행사하는 통치권자의 권한과 권위를 규범적으로 제어할 합당한 근거를 마련하는 것'에 관심을 기울였다. 이어 이를 위해 홉스는 오늘날의 '절차적 민주주의 원리'에 준하는 방식으로 사회계약 형태를 정초하는 기획, 다른 한편으로는 강력한 지배권을 통해 영구적인 평화 체제를 확보할 정부형태로 군주제를 구축하는 기획, 양자를 균형적으로 결합하는 철학적 시도를 감행했다. 해서 비록 군주제이지만 이전과 같은 무제약적인 절대적 군주제가 아니라, 국민들의 계약을 통해 막강한 권력과 권한에 정당성과 제한성이 가해지는 '정당화된 강한 군주제'를 수립코자 시도한 것이다. 이러한 의도와 이론 구성적 방향성을 감안할 때, 홉스의 입장은 두 대립되는 정치철학적 관점을 절묘하게 접합한 '합리주의적 절충주의'라고 부를 수 있을 것이다.

물론 다른 각도에서 보면 이러한 홉스의 철학적 태도는 이도 저도 아닌, 다분히 현실에서 통용되는 '기회주의적 절충주의'라고 비판받을 수도 있다. 아마도 이러한 점 때문에 통상 사상사에서 절대군주제를 강변하는 대표적 철학자로 해석되어 온 홉스는, 공화국의 통령이었던 크롬웰로부터도 온전히 인정받지 못했을 뿐 아니라 크롬웰의 사후 절대왕정의 복귀와 함께 국왕에 오른 찰스 2세로부터도 제대로 대접받지 못했다고 생각된다. 현실 정치 무대에서 왕당파나 의회파 그 어느 편에도 확실하게 속하지 못했던 그의 정치적 행로를 고려하면, 그러한 푸대접이나 비판적 평가가 전적으로 틀렸다고 볼 수는 없을 성싶다.

그러나 그와 같은 부정적인 시각과 해석에도 불구하고, 그의 군주 정치에 관한 정치철학적 입론은 현재의 시점에서도 분명히 평가해주어야만 할 대목이 적지 않다.

우선, 새롭게 비판적으로 재구성된 군주제에서 군주와 신민의 관계는 겉으로는 신분제에 기초한 지배/예속의 관계를 취하고 있지만, 실제로는 신분제를 뛰어넘어 자유로운 계약을 통해 상호 대등한 권리/의무의 관계로 구축되고 있다는 점이다. 이는 '신분에서 계약으로'라는 근대 민주주의의 이념과 원리를 고스란히 수용한 것이다. 그런 면에서 홉스의 정치 사상은 당시로는 가장 파격적인 '혁신 자유주의 사상'이라 부를 수 있을 것이다.

다음으로, 군주제에 관한 입론은 개별 국민들의 자발적인 동의에 의거하여 계약 당사자들 간의 합의를 통해 주요 사안을 결정해나가는 민주적 절차 과정을 중시하고 있다는 점에서, 현대 '참여 민주주의'의 단초적·선도적 형태로 읽어낼 여지가 상당하다. 이는 민주적 절차를 무시하고 '신에 의한 보증'에 기대어 통치자로부터의 일방적인 지시와 복종을 강요하는 기존의 절대군주제와는 확실히 차별화된 진일보한 양상을 보여주고 있기 때문이다.

또한 홉스가 제한적 형태의 군주 정치를 제안한 의도는, 평화 체제의 안정적 유지를 통해 개별 구성원들의 생명권을 비롯한 기본적 권리와 자유를 확고히 하려는 데 있다는 점에서, 전형적인 '자유주의적 민주 정치'의 이념을 고스란히 표출하고 있다. 게다가 군주의 통치권이 자유로운 계약을 통해 신민들에 의해 위임된 것이라는 사실은, 표면적으로 주권자는 군주이지만 본질적으로 국가의 의사를 최종적으로 결정할 권리인 주권이 국민 각자에게 있음을 보여주고 있다는 점에서, '자유민주주의의 구성 원리'를 또한 반영하고 있다.

끝으로, 국가나 군주 정치가 존립하는 이유는 국민들 각각의 생명을 비롯한 개체 보존을 보장하기 위한 것인바, 이를 위해 위임된 권력이 부당하게 구성원들의 생명권과 자유권을 현저히 침해할 경우 이에 저항할 권리를 동시에 부여하고 있다는 점에서, 현대 '민주주의 인권론'의 선구적 사상으로 읽힐 여지가 많아 보인다.

최소한 이 같은 점들만 나열해보더라도, 절대군주제의 일방적 옹호자로서 홉스를 바라보는 편협한 시선은, 여지없이 분쇄되어버릴 가능성이 매우 높아보인다. 특히 홉스의 제한적 군주제에 관한 비판적 입론은 오늘날 절차적 민주주의나 참여민주주의의 지평에서 논의될 만한 생산적이며 급진적인 '혁신 자유주의'의 이념적 단서와 내용들을 풍성하게 내장하고 있다는 점에서 더더욱 그렇다.

2장 『리바이어던』 읽기 185

홉스의 국가: (혁신) 자유주의에 기초한 민주주의 정치 원리의 구현체

홉스는 영국에서 수십 년에 걸쳐 지속된 내란의 참혹한 상황을 목도하면서, 그러한 내전의 본질을 왕당파와 의회파 간의 '정치적 권력 투쟁'에서 찾았다. 따라서 홉스는 양 진영과 일정 정도 거리를 둔 채, 의도적으로 모호한 자세를 취하고 있었다. 언뜻 보아 이는 기회주의적 행태로 볼 여지도 있으나, 사실상 홉스가 두 세력을 모두 동일한 권력 집단 내지 기득권 세력으로 간주한 결과 나온 '숙고된 정치적 태도'라고 할 수 있다.

한때 극렬 마르크스주의자였던 프랑스 철학자 미셸 푸코 (Michel Foucault, 1926~1984)가 '68혁명' 이후 마르크스주의에서 이탈하여 포스트모더니즘의 선구적 사상가로 이념적 변절을 꾀한 후, 사회주의 혁명에 대한 지나친 환상을 경계할 것을 권고했던 언명에서도 이와 유사한 장면을 엿보게 된다. 푸코에 의하면, 사회주의 혁명을 통해 자본주의를 전복했다고 해서 인간 해방 사회가 구현되는 것은 아니며, 단지 그 지배 세력이 부르주아 계급에서 프롤레타리아 계급으로 바뀌었을 뿐, 체제 자체의 변화는 없다는 것이다. 요컨대 계급적 불평등과 사회적 억압 구조는 여전히 상존한 채 단지 지배 세력만 교체된 것에 불과하다는 것이다. 그러므로 구체제에서 억눌리고 침해받던 개인의 기본적 권리와 자유는 이후에도 마찬가지 상태에 처해 있다는 진단이다.

이와 유사하게 홉스 역시 의회파나 왕당파 둘 다 신분제적 사회 질서의 정점에 자리한 기득권 집단이라는 점에서 그 본질적 실체는 동일하다고 보았다. 그런 만큼 청교도 혁명(잉글랜드 내전)에서 결과한 소위 '자유'를 내건 의회파의 승리도 단지 지배권력의 대체에 불과한 것으로 간주했다. 이 때문에 홉스는 피지배계급으로서 국민들이 정치권력을 바라보는 시각의 전면적인 변화를 꾀하는 쪽으로 방향을 틀었다. 그것은, 국가나 군주 정치는 궁극적으로 개인의 생명권을 보존하고 기본적 권리 및 자유를 보장하는 수단적 매체로 봐야 한다는 것이었다. 요컨대 국가의 존립은 개인의 인권과 자유를 확실히 보장하기 위한 필요에서 비롯된 것임을 밝혔다. 이는 정치 사상사에서 최초로 '민주주의 정치 원리'를 구체적으로 개진한 것이라고 평가할 수 있다.

저항권 담론, 현대 인권론의 효시

    오랜 기간 내란의 비참함과 비인간적 실상을 체험했던 홉스는 그것의 재발을 방지하고자 강력한 통치권의 확보를 통해 평화 체제가 구축되는 정치 형태를 모색했다. 이는 표면상 '무제한적 군주제' 혹은 국가권력의 절대화로 귀결되었다. 그에 따라 홉스는 국민과 군주 사이에서 후자의 편을 일방적으로 대변하면서 절대군주제를 적극적으로 옹호하는 사상가로 읽혀졌다.

    그러나 이는 그렇게 보일 뿐이지, 실제는 그렇지 않다는 점을 이제껏 수시로 확인해볼 수 있었다. 즉 홉스는 왕당파든 의회파든, 그 어떤 정치 세력 편에 일방적으로 줄서기 하는 대신, 일정한 거리를 둔 채 국민들의 입장에서 그러한 통치권력을 제어·규제하려는 사상적 기획을 도모했다.

우선, 국가나 군주 정치는 본질적으로 국가권력 혹은 군주권력의 옹호나 유지가 아니라, 그것을 도구적으로 활용하여 개인의 권리와 자유를 수호·보장해내는 데 있다는 점을 분명히 한다. 이를 앞서 우리는 민주주의 정치 원리의 차원에서 확인해보았다.

다음으로, 국가나 군주의 통치권이 왜곡된 방식으로 사용되는 경우를 상정하여 이를 방지하고자 그 권력에 한계와 제약성을 둠으로써 국민들이 수용하고 따르는 정치적 지배권력의 규범적·정치 윤리적 정당성을 확보하고자 했다. 이는 그의 사회계약론을 통해 이루어지고 있음을 살펴본 바 있다.

한 가지 더 보탠다면, 국가나 통치자가 그 제약성을 뛰어넘어 국민들 개개인의 생명권을 비롯한 기본적 권리를 현저히 침해할 경우, 이에 대항하는 국민들의 저항권을 인정했다는 점 또한 특히 주목해봐야 할 대목이다. 무엇보다 이는 현대 민주주의 인권론의 효시가 되기 때문이다.

홉스의 저항권 논변에 관한 다양한 해석

저항권에 관한 홉스의 철학적 입장은, 오늘날 여러모로 해석상의 논란거리가 되고 있다. 이에는 크게 세 가지 다른 해석이 제시되고 있다. 절대적 통치권의 관점에서 저항권을 부인하는 입장, 자연법의 맥락에서 저항권을 보다 적극적으로 인정하는 입장, 끝으로 통치권의 절대성과 저항권 양자를 모두 인정하는 입장 등 크게 세 가지로 나뉘어 있다. 이 중 홉스는 절대 군주제를 일방적으로 옹호·찬양하는 입장을 견지해왔다는 전통적 해석을 토대로, 저항권 문제 역시 홉스가 외면하거나 소극적으로 다루었다는 해명이 주류를 형성하고 있다. 그런 만큼 저항권에 관한 한, 홉스는 '수구 보수주의적' 자세를 취하고 있으며 그로 인해 적지 않은 정치철학적 한계와 난점을 드러내고 있는 것으로 평가되어 왔다.

이 같은 통념적인 해석에 의하면, 홉스는 개별 국민의 최고 목적인 생명 보존만 확실히 보장된다면, 지배권력의 남용으로 인해 개인의 기본권과 자유가 침해받는 사태마저도 그 자체 아무런 문제가 없는 것으로 보고 있다. 아울러 그 같은 통치권의 부당한 사용 역시 정당한 것으로 간주하고 있다. 그런 만큼, 만약 이러한 해석이 군주 정치에 관한 홉스의 진정한 입장과 진의를 제대로 반영한 것이라면, 인권과 같은 기본적 권리가 중시되는 민주주의의 관점에서 홉스의 입장은 결정적인 한계를 지닌 것으로 볼 수밖에 없다.

하지만 홉스의 저항권 논변을 둘러싼 해석상의 논란과 논쟁은 현재 진행 중이며, 어떠한 관점과 시각을 좀 더 내세워 강조하는가에 따라 홉스의 입장을 새롭게 읽어낼 수 있다.[13]

저항권: 자연법의 명령으로서, 결코 침해될 수 없는 자연권

그렇다면 저항권에 대한 홉스의 입장을 새롭게 읽어내려는 시도와 관련하여, 군주권의 남용에 대한 견제 및 방어 수단으로서 저항권을 중시하고 있다는 보다 적극적인 해석의 가능성은 어디서 찾아볼 수 있는가? 아무래도 홉스가 '무제약적 절대군주제'를 옹호·지지하고 있다는 기존의 낡은 전통적인 해석과 달리, 실제로는 '제한적 군주제'를 강력히 제안하고 있다는

---

13 홉스 정치 사상에 대한 오늘의 평가와 관련해, '홉스는 국가의 절대주권을 인정했지만 개인의 생명 보존을 위해서는 그것에 저항할 수 있음을 또한 인정했다'는 해석이 학계의 일반적인 관점 혹은 표준 해석으로 수용되고 있다. 오현철, 「홉스의 저항권: 세 가지 해석 중 고등학교 교과서에 수록된 관점」, 『시민교육연구』 45권 2호, 한국사회과교육학회, 2013, 194쪽.

점에서, 나아가 군주권의 부당한 행사에 대한 개별 국민들의 저항권을 적극적으로 인정하고 있는 대목들을 『리바이어던』의 여러 곳에서 찾아낼 수 있다는 점에서 그러하다. 이를 홉스 자신의 언급을 통해 직접 확인해보자.

> 일반적으로 저술가들이 '자연적 권리(jus naturale)'라고 부르는 '자연권'은 모든 사람이 그 자신의 본성, 즉 자신의 생명을 보존하기 위해 원하는 대로 언제든지 자신의 힘을 사용할 수 있는 자유, 즉 자신의 판단과 이성에 따라 가장 적합하다고 생각되는 그 어떤 것을 할 수 있는 자유를 가리킨다. (……) 자연법이란 인간의 이성이 발견해낸 계율 또는 일반적 규칙이다. 이러한 자연법에 따라, 자신의 생명을 파괴하는 행위나 자신의 생명 보존 수단을 박탈하는 행위는 금지된다. 아울러 자신의 생명 보존에 가장 적합하다고 생각되는 행위를 포기하는 것 역시 금지된다.(14장, 86쪽)

여기서 드러나듯이 홉스는 자연법에 의해, 모든 인간은 자신의 생명을 보존하는 권리인 자연권을 그 어떤 경우도 포기하는 것이 금지된다고 주창하고 있다. 저항권 또한 자연권에 속하는 것인 만큼, 자기 보존이나 방어가 담보되기 어려운 경우 자연권, 따라서 저항권 역시 양도되거나 포기될 수 없다. 이 점을 홉스는 자기 방어를 포기하는 신의 계약은 무효라는 주장을 통해 재차 천명한다.

폭력으로부터 자신을 방어할 수 없거나 폭력에 의해 나 자신을 방어할 수 없는 신의 계약을 체결한 경우에 이 계약은 무효다. 앞서 이미 언급한 바와 같이, 그 어느 누구도 죽음, 상해, 투옥으로부터 자신을 보호할 권리를 양도하거나 포기할 수는 없기 때문이다. 모든 권리 포기 행위의 목적이 그러한 자기 보존인 까닭에, 폭력에 대해 저항하지 않을 것을 약속하는 신의 계약은 무효이며 따라서 그 어떤 권리 양도도 없을 뿐 아니라 그 어떤 채무도 지우지 못한다. 그러므로 '어떤 특정한 경우에 나를 죽이라'는 내용의 신의 계약을 체결할 수는 있다. 하지만 '어떤 특정한 경우에 당신이 나를 죽이려고 할 때 나는 결코 저항하지 않겠다'라는 내용의 신의 계약을 맺을 수는 없다. 인간은 본성적으로 큰 해악보다는 작은 해악을 선택하기 때문이다. 곧 저항하지 않음으로써 확실히 죽을 수밖에 없는 사태보다는, 저항할 경우에 죽을지도 모를 위험이 보다 작은 해악인 탓에, 인간은 이를 선택하기 때문이다.(14장, 93쪽)

이렇듯 홉스는 주권자로서 최고 통치자나 군주가 개별 국민 그 누구라도 자신을 죽이려고 시도할 경우 그에 저항하는 권리를 포기한다는 내용의 신의 계약은 체결할 수 없음을 분명히 밝히고 있다. 개체 보존이라는 '최고 목적'을 위해 개인이 지닌 모든 권리를 포기한 것이라고 해도, 죽음을 앞두고 그에 저항할 권리마저 일절 포기한다는 것은 계약의 목적인 자기 보존을 단념하라는 것에 다름 아니라는 이유에서다. 동시에 그러한 계약 내용은, 자신의 생명을 보존하는 데 최선이라고 생각되는 행위의 포기를 금하고 있는 자연법을 위반한 것이다. 그런 만큼 비록 계약이 성사되었다고 해도 그것은 무효라는 것이다.

물론 홉스는 주권자로서의 군주의 무소불위의 권력을 인정하고 있다. 가령 주권자인 군주가 국민들에게 그 어떤 행위를 하든 그것은 개별 국민이 지닌 실정법상의 권리를 침해하는 것이 아니며 신의 계약을 통해 보장된 주권자의 권리라고 주장한다. 그럼에도 홉스에 의하면, 그러한 통치권을 소유한 군주마저도 자연법'만'은 반드시 준수해야 한다. 주권자도 예외가 아니라는 것이다. 그런 만큼 자연법의 명령에 따라 그 누구도 훼손할 수 없는 '저항권'은 신의 계약을 통해 구성되는 주권자의 권리, 즉 군주의 통치권 밖에 있는 자연권으로서, 애초부터 주권자인 군주에게 양도될 수 없는 것이다.

> 모든 신민은 신의 계약에 의해서도 그 권리가 양도될 수 없는
> 일들에 있어서는 (저항할) 자유를 갖고 있다는 점은 분명하
> 다. 나는 앞에서 자신의 신체를 방어하지 않기로 한 계약은
> 무효라는 점을 밝힌 바 있다. 따라서 만약 주권자(통치권자)
> 가 어떤 사람에게 (비록 정당하게 유죄 판결을 받았다고 해도)
> 자살하거나 자해하라고 또는 불구가 되라고 명령하거나, 공
> 격을 가하는 자에게 저항하지 말라고 명령하거나, 혹은 음
> 식물이나 공기, 약품 등 생존에 필요한 것들을 사용하지 못
> 하도록 명령하는 경우에, 그 사람은 복종하지 않을 자유를 갖
> 고 있다.(21장, 144쪽)

이처럼 홉스는 그 어떤 통치권이나 지배권력, 외적인 무소
불위의 힘이나 권한 앞에서도 절대로 포기하거나 양도할 수
없는 개별 국민의 인권과 자유를 명확히 인정하고 있다. 동시
에 그러한 자유와 권리를 침해·훼손하고 박탈하는 권력자나
통치 집단, 국가 등에 대해서는 저항할 수 있는 권리를 부여하
고 있다. 국민들 입장에서 무엇보다 포기될 수 없는 것은 자신
의 '생명(권)'이며 그런 한에서 그것을 위협하는 경우에 저항할

권리 역시 결코 포기될 수 없다는 것이다. 이렇듯 홉스에 따르면, 주권자인 통치자의 권리와 신민의 권리가 상호 충돌할 경우, 신민이 의지해야 할 행위의 준칙은 신의 계약이 아니라, 주권 설립의 목적인 자기 보존, 개체 보존의 자연권이라고 강변한다.

확실히 저항권에 관한 이와 같은 홉스의 논변은, 이제껏 우리가 알고 있던 왜곡된 홉스상을 일거에 전복하고도 남는다. 가령 주권자로서의 군주의 권력 행사는 그 어떤 것이든 용인되고 그에 반대할 수 없으며 무조건 복종해야 한다는 절대적 군주제의 옹호론자로서의 홉스상이 그에 해당된다.

나아가 군주제 및 군주의 통치권에 대해, '홉스는 계약을 통해 일정 부분 한계와 제한을 두고자 한다'는 해석도 보다 신중하게 들여다볼 필요가 있다. 그러나 그 같은 선별적 허용 가능성은 사실상 거의 없다고 봐야 한다. 한데 그러한 연유로, 통치권에 대한 홉스의 한계 설정은 단지 '립 서비스'에 불과한 지극히 '형식적인' 것에 그치고 있다는 비판이 지속적으로 제기되고 있다.

이와 같이 홉스 철학이 지닌 이론적·실천적 혁신성 및 진보성은 대단히 '소극적인' 차원에 머물러 있다고 이제껏 알려져왔다. 그에 따라 단지 홉스가 절대적 군주제가 아닌 제한적 군주제를 선호하고 있다는 데서 그 사상적 발전성의 의의를 찾고자 했다. 그러나 홉스는 계약을 통한 아래로부터의 절대적 군주권의 제약과 통어(統御)에서 한 발 더 나아가, 자연법의 명령을 통해 보다 적극적으로 무소불위의 군주권을 온전히 통제하고자 시도하고 있다. 요컨대 자연법에 기초한 당위적 명령으로서 모든 인간에게 주어진 자연권은 절대군주도 결코 침해할 수 없으며, 그러한 명령에 반하여 개별 신민들의 인권 유린 및 침해 사태를 초래할 경우, 그에 대해 저항할 자연권이 모든 구성원들에게 주어져 있음을 명시적으로 천명하고 있다.

이러한 보다 적극적인 진보적 관점의 해석은, 홉스 사상에 대한 기존의 전통적인 보수주의적 평가에서 벗어나 보다 더 사회 변혁적인 민주주의 사상가로 읽을 가능성을 한층 높여준다. 예컨대 정치적 지배권의 남용이나 정부의 실정에 대한 저항권 입론은 동시대의 정치 사상가 로크의 고유한 사상적 전유물로 이제껏 널리 알려져왔다. 그러나 로크에 앞서 개진된 홉스의 저항권 입론은, 그에 못지않은 자유주의적 민주주의의 이념을 담보한 것으로 로크의 정치 사상 형성에 적지 않은 영향을 미친, 민주주의 인권론의 선구적 입론으로 평가받을 수 있을 것이다.

리바이어던의 죽음: 국가의 와해

막강한 국가(권력)도 언제든 붕괴될 수 있다

홉스에 의하면, 국민들로부터 위임받은 막강한 권력과 권한을 쥔 국가(권력)나 통치권자로서 세상에 출현했던 리바이어던 역시, 대내외적 여건이나 상황에 따라 언제든지 스러져 사라질 수 있는 운명의 소유자이다. 이는 강력한 통치권 덕분에 안정적으로 유지되던 평화로운 체제도 '리바이어던의 죽음'과 함께 다시금 무질서와 혼란, 죽음의 공포만이 존재하는 '자연 상태'로 복귀하게 된다는 것을 의미한다.

홉스의 이 같은 부정적이며 비관적인 전망 속에는, 통치권 혹은 국가(권력)의 약화와 몰락을 미리 방지하여 영속적으로 위력한 국가 체제가 유지되어 평화로운 상태가 지속되기를 바라는, 그 자신의 개인적 소망이 담겨 있기도 하다. 게다가 평화의 실현을 통해 국민들 각자의 자기 보존을 가능케 한 정치적 공동체로서의 국가가 안정적으로 존속하기 위해서는, '리바이어던(국가)을 죽음에 이르게 만든 원인'을 찾아내 규명할 필요가 있다는 치열한 자기 성찰적 통찰이 자리하고 있기도 하다. 동시에 그러한 비판적 규명을 통해 통치권의 약화에 따라 그것에 기반을 둔 국가가 붕괴되는 사태를 사전에 방지할 수 있는 구체적인 실천 방안을 강구하겠다는 정치 사상적 구상도 당연히 한 발을 담그고 있다.

홉스가 말하는 국가(권력)의 붕괴는 단순히 국가라는 정치적 조직체의 와해만을 가리키지 않는다. 보다 넓은 의미에서 국가의 몰락이란 전쟁의 발발이나 엄청난 사회적 혼란을 야기하는 반란 혹은 혁명적 사태의 발생 등을 모두 망라한다. 이러한 맥락과 상황을 감안할 때, 리바이어던의 쇠락 및 소실은 오늘의 시대에서도 여전히 가능한 일임을 자각하게 된다. 그런 연유로, 국가의 죽음을 야기하는 주요 요인들을 찾아내어 규명하는 작업은 여전히 우리에게 유의미한 정보와 교훈, 시사점 등을 제공해줄 수 있을 것이다.

리바이어던을 죽음으로 내몬 주된 요인은 무엇인가

그토록 무소불위의 힘을 과시하던 리바이어던을 소멸로 내몬 요인, 다시 말해 국가의 붕괴를 초래하는 주된 원인으로 홉스는 크게 두 가지를 제시하고 있다.

> 그러므로 코먼웰스(국가)의 '결함들' 중에서 나는 첫째로 불완전한 설립에서 야기되는 결함들을 고찰하고자 한다. 그런데 이것은 생식에서의 결함으로 인해 발생하는 신체의 타고난 질병들과 유사하다. (……) 둘째로, 내가 논하고자 하는 것은 선동적 교설의 해악으로부터 연유하는 코먼웰스(국가)의 '병폐들'이다.(29장, 213~214쪽)

홉스는 이 두 가지 가운데 특히 후자를 중시한다. 그가 보기에 당시 영국 사회의 혼란상과 무정부 상태는 그 같은 선동적이며 자극적인 잘못된 교설의 해독에서 비롯된 것이라 판단했기 때문이다. 특히 이러한 결함은 반란이나 혁명을 정당화하는 여론을 형성할 수 있다는 점에서 그 해악이 훨씬 더 크다고 보았다. 홉스는 이 같은 선동적이며 충동적인 교설을 대략 여섯 가지 정도로 구분해놓고 있다. 그중 몇 가지를 보면 다음과 같다.

그중 하나는 개인들 각자가 선행과 악행을 가르는 판단자라는 교설이다. 이는 시민법이 존재하지 않는 자연 상태에서는 진실이다. (……) 그러나 그 외의 경우에서 행위의 선악에 관한 척도는 시민법이며 그 판단자는 항상 코먼웰스(국가)의 대표자인 입법자라는 점은 분명하다. 그러한 그릇된 교설로 인해, 사람들은 코먼웰스(국가)의 명령에 대해 시비를 걸고 이의를 제기하며, 자신의 판단에 따라 그 명령에 복종하거나 불복하는 일이 생겨나는 바, 이로 인해 코먼웰스(국가)는 혼란에 빠지고 약해진다.(29장, 214쪽)

시민사회에 해가 되는 또 하나의 교설은 '자신의 양심에 반(反)하는 행위는 무엇이든 죄악'이라는 것이다. (……) 그런데 사람의 판단이 잘못될 수 있는 것처럼, 그의 양심도 그릇될 수 있다. 그러므로 시민법을 따를 의무가 없는 사람에게는 자신의 이성 외에는 달리 의거할 규칙이 없으므로 자신의 양심에 반하는 모든 행동은 죄가 될 수 있다. 하지만 코먼웰스(국가)에서 살아가는 사람에게는 죄가 되지 않는다. 법은 그 사람이 그것의 지도를 받겠다고 이미 약속한 공적 양심이기 때문이다. 만약 그렇지 않으면, 사적 의견에 지나지 않는 사적 양심의 다양성으로 인해 코먼웰스(국가)는 필연적으로 혼란에 처하고 말 것이다.(29장 214쪽)

이 지점에서 특히 주목해야 할 것은 '그릇된 교설'의 제공자들, 즉 불순한 교설을 널리 퍼뜨려 선량한 국민들을 호도하고 선동함으로써 사회적 혼란을 일으키고 불안과 전쟁의 상태로 몰고 가는 일군의 선동가들을 지목하여 비판하고 있는 대목이다. 이는 다음의 진술에서 보다 명료하게 드러난다.

평화와 통치에 유해한 이러한 견해들은 이 세상에서는 주로 제대로 교육받지 못한 성직자들의 세치 혀와 펜으로부터 연유한다. 이들은 『성경』의 내용을 이성적으로 납득하기 어려운 방식으로, 자의적으로 구성하여 사람들로 하여금 신성성과 자연적 이성은 서로 양립할 수 없는 것처럼 믿게 만들고 있다.(29장, 215쪽)

이처럼 특정 대상을 지목하여 강한 비판을 가하는 것은 '이론적 차원'에서 국가의 몰락을 야기한 주된 원인을 추적·제시하려는 의도에 따른 것이라 볼 수 있다. 그에 비해 '실천적 차원'에서는 당시 영국 사회의 정치·사회적 혼란을 야기하고 부추긴 당사자들을 실제로 거명하여 고발하려는 전략적 의도가 강하게 작용한 것이라고 보는 것이 타당할 성싶다.

잘못된 교설을 통해 국민을 호도하는 선동가는 누구인가

그렇다면 보다 구체적으로 불순한 교설을 통해 국민을 호도하고 오인시키는 일군의 선동적 도발자들은 누구를 가리키는가?

홉스는 누구보다, 이기심으로 가득 찬 성직자와 신학자, 대학교수와 지식인, 선동적 정치인과 분파주의자, 전제 군주 등을 들고 있다. 특이한 점은 당시 지배 권력을 쥐고 흔들던 다양한 '분파주의적' 통치 세력들을 주된 비판의 대상으로 삼고 있으면서도, 홉스는 자신의 동료라고 할 신학자와 대학교수를 비롯한 지식인 계층 또한 주된 비판적 공격의 대상으로 설정하고 있는 점이다. 언뜻 보기에도 교회와 대학을 중심으로 한, 관련 종사자들이 특히 눈에 띈다. 그만큼 홉스가 판단하기에 당시 교회와 대학은 사회적 안정과 통합, 평화 체제의 확립에 기여하기보다는, 오히려 그릇되거나 왜곡된 또는 오인된 교설을 전파함으로써 분열과 내분을 선동·조장하는 쪽으로 작용하고 있었다.

이러한 시각은 '근거가 빈약하고 그릇된 원리에 기초해 있는, 인류 평화에 배치되는 그 많은 교설들이 어떻게 국민들에게 그처럼 깊게 뿌리박히게 되었는가?'라는 비판적 문제 제기와 그에 대한 탐구로 이어진다. 그리고 그 과정에서 홉스는, 그 주된 원인 제공자의 하나로 '대학'을 꼭 집어 가리키고 있기도 하다.

이처럼 홉스는, 사회적 안정과 평화를 조금이라도 깨뜨릴 소지가 있는 요인의 제공자들은 국가의 붕괴를 초래할 위험성이 많다고 보았다. 그에 따라 그들이야말로 이 사회에서 추방해야 할 일차적인 '공공의 적'들로 포착했다. 이러한 사실은 얼마나 홉스가 정치·사회적 갈등과 대립, 불안정과 무질서, 혼란과 전쟁을 혐오하고 두려워했는가를 단적으로 보여주는 사례라고 할 수 있다.

교회 권력의 실체 규명에 목숨을 걸다

왜 『리바이어던』의 절반이 종교와 교회에 대한 비판인가

'그리스도 왕국에 대하여'라는 제목을 달고 있는 『리바이어던』의 3부는 종교와 교회에 대한 비판이 그 중심을 이루고 있다. 여기서 대단히 흥미로운 사실은, 3부와 스콜라 철학을 중심으로 교회 권력 및 집단의 이데올로기 문제를 비판적으로 다루고 있는 4부를 합친 부분이 『리바이어던』 전체 분량의 절반 이상을 차지하고 있다는 점이다.

그렇다면 대체 정치 사상에 관한 홉스의 대표적인 저서에서 종교와 교회에 대한 비판적 내용이 책 내용의 반절을 점하고 있다는 것은 무엇을 말해주는가? 적어도 한 가지 분명한 점은, 당시 교회와 성직자 그리고 그들이 장악하고 있던 대학이 영국 사회에 갖는 지배적 힘과 그로부터 야기된 정치·사회적 폭력의 힘이 어마어마했다는 사실이다. 이는 당시 영국의 사회적·시대적 혼란의 주된 원인 제공자가 종교 및 교회 세력, 아울러 신학 연구를 중심으로 한 대학이었다는 점과 밀접히 관련되어 있음을 말해준다. 실제로 홉스는 그 자신의 또 다른 저서인 『비히모스(*Behemoth*)』에서 잉글랜드 내전, 즉 청교도 혁명을 부추긴 대표적인 책임자들로 교회의 성직자들과 교황주의자들, 장로교도들과 기회주의자들, 그리고 아리스토텔레스 사상에 빠진 자유주의 정치인들을 꼽고 있다.

또 다른 이유로는, 성경 해석에 일가견이 있다고 자부한 홉스 자신이 성경에 대한 해석을 통해, 영국의 정치·사회적 현실에 대한 분석, 특히 '교회 권력'과 '세속적 통치 권력' 간의 관계 설정에 관한 자신의 주장을 뒷받침할 근거를 제공하려는 철학적 의도를 들 수 있다.

나는 여기서 정치적 주권자(통치권자)의 통치권과 백성의 의

『비히모스』

『비히모스』는 1668년에서 1670년 사이에 홉스가 집필한 전쟁사(戰爭史)에 관한 책으로, 홉스 자신이 겪었던 잉글랜드 내전(청교도 혁명)과 그 이후의 지배권력의 변천 과정을 기술하고 있는 역사적 저술물이다. 출간은 홉스 사후에 유고집으로 1682년에 이루어졌다. 참고로 이 책의 부제는 '1640년부터 1660년까지 수행된 충고와 책략, 그리고 잉글랜드 내전의 원인에 관한 역사'이다.

무를 확인해보고자, 『성경』으로부터 연역해낼 수 있다고 생각된 귀결들, 즉 그리스도교적 정치의 원리들을 보여주고자 했다. 그런 만큼, 나의 개인적 입장을 개진하려 한 것은 아니다. 그리고 『성경』을 인용하는 경우에도 의미가 모호하거나 해석상 논란의 여지가 있는 문장들은 피하고, 『성경』 전 체계의 의도와 목적에 명확히 부합하는 것들만을 애써 선별했다. 『성경』의 목적은 그리스도 안에서 하느님 나라를 재건하는 일이다. 어떤 저작물을 해석할 때 의거하는 진정한 빛은, 그 저작물에 쓰인 단어들이 아니라 저자 자신의 의도이다. 큰 틀에서 가장 중요한 밑그림을 제대로 파악하지 못한 채, 자구 하나하나에 얽매이는 자들은 그 저작물에서 아무것도 건져내지 못한다. 그들은 『성경』을 구성하고 있는 원자들을 흩뿌림으로써 사람들의 눈앞에 먼지를 일으켜 모든 것을 한층 더 불분명하게 만들고 있을 뿐이다. 이는 진리를 추구하는 사람들의 기법

이 아니라, 자기 자신의 이익을 쫓는 사람들이 상투적으로 사용하는 술책이다.(43장, 401~402쪽)

이처럼 17세기 당시의 영국 내 정치·사회적 실상에 대한 선이해(先理解), 그리고 홉스의 정치철학적 의도를 진지하게 고려할 경우, 우리는 왜 홉스가 그토록 종교 및 교회 문제에 집착하고 있었는가를 비로소 이해할 수 있다.

왜 홉스는 교회 권력에 그토록 신랄한 비판을 가했는가

홉스는 17세기 당시, 그리스도교와 교회가 현실 정치 문제에 개입하여 실질적인 영향력과 힘을 발휘함으로써 사회적 갈등과 대립을 끊임없이 야기한 사태를 정확히 간파하고 있었다. 가령 잉글랜드 내전의 배후에도 그리스도교의 다양한 분파가 자리하고 있었다. 왕당파의 경우 영국 '국교회'가 중심을 이루고 있었다. 의회파는 청교도가 주류를 형성하고 있었지만, 그 내부에서는 다수인 장로파와 소수인 청교도 독립파로 나뉘어 서로 반목하고 있었다. 이러한 사실을 꿰뚫어보고 있던 홉스는, 그에 대한 철학적 해결책으로, 종교의 영역과 정치의 관할

영역을 엄밀히 분리할 것을 기획, 제안했다. 그뿐만 아니라 이로부터 한 걸음 더 나아가 '종교는 현실의 세속적 정치권력에 복속되어 그 지배를 받아야 한다'는 입론을 개진했다. 홉스에 의하면, 그렇지 못할 경우에 힘들여 이룩한 평화 체제는 곧바로 혼란과 투쟁, 죽음의 공포가 판치는 소용돌이 속으로 빠져들 것이기 때문이다.

> 지상에는 모든 그리스도인들이 복종해야만 하는 그러한 보편 교회는 존재하지 않는다. 왜냐하면 모든 코먼웰스(국가)들이 복종하는 권력이 지상에는 존재하지 않기 때문이다. 여러 군주와 국가의 통치를 받는 그리스도인들이 존재하지만 그들 각자는 자신이 속한 코먼웰스(국가)에 복종해야만 한다. 그러므로 그 어떤 다른 인격체의 명령은 따를 수 없다.(39장, 311쪽)

> 통치자는 한 명이어야만 한다. 만약 그렇지 않으면 코먼웰스(국가) 내에서 반드시 분열과 내란이 일어난다. 다시 말해서 교회와 국가 사이에, 영성주의자와 세속주의자 사이에, 정의의 칼과 신앙의 방패 사이에, 그리고 더 나아가 모든 그리스도인들 각각의 가슴 속에서 그리스도인과 보통 사람들 사이에 분열과 내란이 벌어진다.(39장, 312쪽)

그런데 이 지점에서 한 가지 궁금한 점이 생긴다. 대체 당시 교회나 성직자들이 어느 수준까지 세속적인 정치 현실에 개입하여 실질적인 권력 및 권한을 행사하고 있었는가 하는 점이다. 이 점은 그리 먼 데서 찾을 필요 없이, 영화로도 여러 편 만들어진 알렉상드르 뒤마(Alexandre Dumas, 1802~1870)의 소설 『삼총사』의 스토리를 떠올리면 된다. 거기에 등장하는 주요 캐릭터 가운데 가장 사악하고 교활한 권력 지향적인 속물형 인간이 다름 아닌 '리슐리외'라는 인물이다. 그런데 이 사람의 신분이 바로 그리스도교의 '추기경'이다. 하지만 이 자는 성당이나 수도원에 머물며 성직자 본연의 역할에 충실하기보다, 현실 정치에 관여하여 막강한 권력을 휘두르는 당대의 실력자로 군림하고 있다. 당연히 당시의 군주였던 루이 13세도 그 앞에서 절절맬 정도이니, 그 위세가 어느 정도인지는 짐작이 가고도 남을 정도이다.

소설 속 내용과 완전히 일치하는 것은 아니지만, 홉스가 살았던 17세기 영국 사회 또한 그와 유사했다. 성직자뿐 아니라 신학자나 스콜라 철학자들마저도 그 어떤 군주나 제후, 귀족 못지않게 권력 혹은 권세, 부를 누리며 살아가던 시대가 이때였다. 억압받고 차별받는 소외 계층이나 가난한 자들을 위해 그리스도 왕국 내부에서만 사용되어야 할 교회의 힘과 권한을 현실 정치의 영역에서 자신들의 기득권을 강화하고 유지하는데 남용하던 시대가 17세기 영국이었던 셈이다. 이 같은 교회 세력 및 성직자 집단의 무분별한 권력의 세속적 사용과 남용에 대해 홉스는 다음과 같은 비판의 목소리를 내고 있다.

> 그리스도의 대행자들이 현 세상에서 수행해야 할 직무는 사람들이 그리스도를 믿고 신앙을 갖도록 하는 것이다. 하지만 신앙이라는 것은 강제나 명령과는 아무런 관련이 없으며 또한 그런 것에 전혀 의존하고 있지도 않다. 신앙은 오직 이성에 의해, 또는 사람들이 이미 믿고 있는 어떤 것으로부터 추론해낸 논증의 확실성이나 개연성에 의존할 뿐이다. 따라서 그리스도의 대행자들은 자신들의 직위를 이용해서 자신들의 말을 믿지 않거나 반박하는 사람들을 처벌할 권한이 이 세상에는 없다. 곧 그리스도의 대행자라는 자격 조건으로는 그러한 사람들을 처벌할 수 있는 그 어떤 권력도 지니지 못한다.(42장, 331쪽)

교회 권력, 즉 교권(教權)에 대한 홉스의 비판적 논변은, 심지어 교황의 권력 및 권한 사용과 관련해서도 비판적 성토의 목소리를 강하게 내고 있다.

교황이 이 세상의 모든 그리스도인들의 정치적 주권자(통치권자)라는 것을 교회뿐 아니라 교황 자신도 선언한 적이 없다. 그러므로 모든 그리스도인들이 예배 방식에 관해 그의 관할권을 인정할 의무가 있는 것은 아니다. 왜냐하면 정치적 통치권과 예배 방식을 둘러싼 논란을 종식시킬 최고 재판권은 동일한 것이기 때문이다. 시민법의 입법자는 행동의 정의와 부정의를 선포하는 자일 뿐 아니라 그것을 정하는 자이기도 하다. 어떤 것이 옳은 예배 방식이고 어떤 것이 그른 것인가는 전적으로 주권자(통치권자)가 정한 법에 일치하는가의 여부에 달려 있다. 그러므로 예배 방식의 문제에 관한 한 교회가 최고 권한을 갖고 있다고 주장하는 것은 곧 정치적 주권자(통치권자)에게 복종하지 말라고 가르치는 것에 다름 아니다. 이것은 그릇된 교설이며, 우리 구주와 사도들이 우리에게 말해주고 있는, 『성경』에 나와 있는 계율을 거스르는 것이다.(42장, 255쪽)

교회는 주어진 본연의 역할에 충실하라

그렇다면 홉스는 자신의 거의 전 생애에 걸쳐 철학적 비판의 대상으로 삼았던 교회와 교회 권력이 마땅히 수행해야 할 본연의 역할과 책무는 어떤 것이라고 생각하고 있었는가? 이 점을 온전히 파악하기 위해서는 『성경』에서 '교회'라는 용어가 갖는 의미에 대한 홉스의 진술을 살펴볼 필요가 있다.

> 교회는 하나의 인격체로 간주될 수 있다. 즉 의지를 지니고, 판단을 내리고, 명령하고 복종케 하며, 법을 제정하는 등 무슨 일이든 할 수 있는 힘을 가진 존재라고 말할 수 있다. (……) 이러한 의미에서 나는 교회를 다음과 같이 정의한다. 교회란 그리스도교를 자신의 신앙으로 고백하는 사람들의 모임으로서, 한 명의 주권자(통치권자)를 중심으로 결합되어 있으며, 그의 명령에 따라 소집해야만 하고 그의 허가 없이는 소집해서는 안 되는 그러한 집합체이다. 아울러 모든 코먼웰스(국가)들에서 정치적 주권자(통치권자)의 허락을 얻지 못한 집회는 불법이므로 코먼웰스(국가)가 모임을 금지한 경우에는 교회 또한 불법 집회가 된다.(39장, 311쪽)

이처럼 홉스가 바라보는 교회는 결코 작다고 할 수 없을 만큼 강력한 힘을 지닌 하나의 인격체이다. 이러한 인격체는 권리의 주체일 뿐 아니라 동시에 그에 따른 책임과 의무를 지닌 존재이다. 따라서 교회도 하나의 인격체이니만큼, 응당 자신의 권리 행사에 따른 책무를 이행해야만 하는 주체이다. 문제는 당시 영국의 교회들은 오로지 권리만 행사하고 특권만 누리고자 할 뿐, 당연히 그에 뒤따르는 의무와 책임 그리고 본래적으로 교회에게 부여된 본연의 역할과 기능을 소홀이 하고 있었다는 점이다. 이 점을 홉스는 예리하게 간파하고 있었다.

그렇다면 교회가 응당 짊어져야 할 책임과 책무는 무엇인가? 홉스에 따르면, 그리스도인들은 자신이 속한 교회의 신자이며 그런 점에서 그리스도 왕국의 한 백성이다. 하지만 동시에 현실에 속해 있는 세속적 왕국의 신민이기도 하다. 이러한 사실은, 그리스도교 신도로서 따라야만 할 의무 못지않게, 현실의 국가권력에 순응하고 복종해야만 할 의무가 있다는 것을 말해준다. 나아가 홉스는 당시 그리스도교를 국교로 받아들인 모든 세속적 왕국에서, 신부나 목사, 사제를 비롯한 모든 성직자는 최고 통치권자인 군주에 의해서만 선임될 수 있으며 그 지배를 당연한 것으로 받아들여야 한다고 강력히 주장했다.

> 정치적 주권자(통치권자)가 그리스도인이 되면 그 권리는 정
> 치적 주권자(통치권자)가 갖게 된다. 그가 그리스도인이라는
> 이유로 교회에서의 가르침을 허락하고, 주권자(통치권자)라는

이유로 그가 선임하는 교사들이 교회의 교사가 된다. 따라서 그리스도교 코먼웰스(국가)에서 그리스도인들이 목사를 선정하는 경우, 그를 목사로 선임한 것은 주권자(통치권자)이다. 주권자(통치권자)의 권한에 의해 행해진 일이기 때문이다.(42장, 361쪽)

모든 그리스도교 코먼웰스(국가)에서 정치적 주권자(통치권자)는 최고 목자로서, 양 떼와 같은 자기 백성들을 돌볼 책무가 주어져 있다. 따라서 그의 권한에 의해 다른 목자들이 선임되고, 그들에게 목자의 직무 수행에 필요한 권한이 주어진다. 이런 점에서, 모든 다른 목자들이 가르치고 설교하는 등 목자의 직책을 수행할 수 있는 모든 권리는 정치적 주권자(통치권자)로부터 나오는 셈이다. 목자들은 단지 정치적 주권자(통치권자)의 대행자일 뿐이다.(42장, 233쪽)

여기서 알 수 있듯이 홉스는 성직자를 임명할 권리도 그리스도교 신자인 정치적 주권자, 즉 최고 통치자에게 주어져 있음을 명확히 밝히고 있다. 한마디로 '그리스도인인 군주는 자신의 영토 내에서 교회의 수장(首長)을 겸하고 있다'는 것이다. 그 이유는 국가와 교회에 속한 사람들은 모두 동일한 군주의 백성들이며 군주만이 정치와 종교의 영역에서 이루어지는 모든 행위를 통치할 모든 형태의 권력 및 권한을 지니고 있기 때문이다.

사정이 이렇다면 왜 그토록 홉스는 국가의 최고 통치권자로 하여금 교회의 최고 수장을 겸임하도록 함으로써 양자를 통일하고자 애쓰는 것인가? 이미 언급했듯이, 홉스가 살아가던 시대는 참과 거짓, 옳고 그름의 보편적 척도의 자리를 놓고 '신의 계시'와 '인간의 이성'이 서로 쟁패하던 과도기였다. 그리고 이러한 다툼의 밑바닥에는 이데올로기로서의 '신'을 활용하여 신분제 등 지배계급의 기득권을 유지하려는 절대군주제하의 사회 구조적 모순이 자리하고 있었다. 동시에 이러한 불합리한 사태의 최대 수혜자는 지배계급의 정점을 이루는 성직자를 비롯한 교회 세력이었다.

홉스는 바로 이 점을 정확히 간파하고 있었다. 곧 당시 영국 내 정치·사회적 내분과 내전의 주된 원인 제공자가 성직자와 신학자를 위시한 교회 세력이었음을 간파하여, 이들의 권력을 제거하거나 더 큰 통치권력을 이용해 적절히 통제하고자 시도했다. 여기에는 세속적 통치권과 교회 권력이 서로 대립할 경우, 국가 통치권을 둘러싸고 국가와 교회가 정면으로 대결하는 전쟁 상태로 치달을 것이라는 홉스의 우려가 결정적으로 작용하고 있었다. 그러므로 애써 이룩한 평화로운 상태를 계속해서 유지하려면, 그러한 대립을 사전에 철저히 방지하는 것이 필수적인데, 이는 오직 교회 권력을 국가권력에 종속시킴으로써만 가능하다는 논리를 홉스는 폈던 것이다.

이 같은 논지는, 교회 권력보다 한층 더 강력한 통치권력의 수립을 통해 교권의 폭력적 전횡을 제어하려는 홉스의 정치 사상적 기획의 일부를 드러낸다. 즉 교회 권력이 전적으로 종교의 영역 내에서, 그것도 종교적 믿음과 신앙심을 돈독히 하는 데 국한하여 행사되게끔 제한을 가함으로써 평화적 상태를 견지할 수 있다는 홉스식의 실천적 구상을 보여주는 것이다. 홉스에 의하면, 이러한 방안은 충분히 현실화될 수 있다. 왜냐하면 교회 권력과 세속적 정치권력이 상호 충돌하는 경우에, 그 분쟁에 대한 최종적인 판결권은 오직 세속적 왕국의 통치권자에게'만' 부여되어 있기 때문이다. 이로부터 우리는 다시한번 종교적 폭거나 정치적 폭력으로 인한 사회적 혼란에 대한 홉스의 병적인 반감과 두려움, 동시에 평화에 대한 열망, 나아가 그러한 바람의 실현을 위한 강력한 권한을 지닌 국가 또는 통치권자에 대한 집착과 기대를 엿볼 수 있다.

거대 '교회 권력'의 횡포에 맞선 지식인 홉스의 용기

종교에 대한 홉스의 비판적 저항과 관련하여 특히 주목할 점은, '당시 무소불위의 힘과 영향력을 지녔던 교회 권력을 상대로 분연히 맞서 투쟁했던 그 용기와 기개는 대체 어디서 유래한 것인가?' 하는 점이다. 지식인의 양심과 양식에 입각한 자유로운 비판이 허용되는 오늘의 민주 사회에서도 거대 종교 세력 및 집단을 상대로 그 문제점을 지적하고 맞서 싸우는 것은 어마어마한 희생과 손실을 감수해야만 하는 일이다. 어쩌면 목숨까지 걸어야 하는 사안이다. 하물며 교회와 성직자의 권한과 영향력이 일상적 삶의 영역에까지 침투해 들어와 세속적인 정치적 지배력으로 작동되고 있던 17세기 당시로는 교회와 종교에 대한 비판과 투쟁은 사실상 '목숨을 내걸고' 해야만 하는 결단이 요구되는 일이었다.

그렇지만 홉스는 이 일을 평생에 걸쳐 수행해나갔다. 이로 인해 홉스는 당시 교회뿐 아니라 교회 세력과 밀접한 관련을 맺고 있던 정치적 지배 세력들로부터도 환영받지 못했으며 배제와 탄압의 대상이 될 정도였다. 사실 홉스가 노렸던 비판적 저항의 주 대상은 그리스도교라는 신앙 그 자체가 아니라, 현실의 통치 세력과 야합한 세속화된 권력 지향적 교회 세력과 성직자 집단 그리고 독단적인 교리였다. 그런 만큼 막강한 힘과 영향력을 갖춘 당대의 교회 권력을 상대로 사상적 투쟁을 벌여나갔던 홉스는, 철학적 명성에 상응하는 응분의 대접이나 온전한 평가조차 제대로 받지 못했다. 심지어 말년에 이르러서는 무신론자라는 오명과 신성 모독 혐의마저 뒤집어쓴 채 신변에 중대한 위협을 느낄 정도였다.

하지만 그처럼 목숨마저 위협받는 상황 속에서도 실천철학자 홉스는 당시 유럽 대륙을 호령하던 세속화된 교회 권력에 맞서 자신의 철학적 소신과 비판적 입장을 굽히지 않았다. 이는 철학자로서의 치열한 문제의식과 비판 정신을 유감없이 보여주는 장면이었다. 그 무엇보다도, 당시의 어마 무시했던 힘을 지닌 종교계의 수다한 비리와 문제점에 대해 날선 비판의 비수를 꽂을 수 있었던, 그 용기와 실천적 변혁 의지야말로 홉스가 진정 위대한 정치철학자였다는 사실을 다시 한번 깨닫게 해주는 결정적 요인이라 할 수 있을 것이다.

개인의 종교 자유를 부르짖다

　오늘의 민주주의 시대에 개인이 누리는 기본적 권리 가운데 너무나 당연시되는 것 중 하나가 바로 '신앙의 자유', 즉 '종교 선택의 자유'이다. 적어도 다원주의적인 민주 사회를 지향하는 국가에서, 특정 종교를 강요하거나 개인의 자유로운 종교 선택을 금지하는 일은 사실상 상상조차 할 수 없는 일이 되어 버렸다. 그러나 시대를 거슬러 홉스가 살았던 17세기 영국이나 유럽에서 그러한 자유는 목숨을 걸고 투쟁을 해야만 간신히 향유될 수 있는 것이었다.

당시 유럽에서는 네덜란드만이 거의 유일하게 종교에 대한 개인 선택의 자유가 있었을 뿐, 여타 지역은 종교의 자유가 온전히 허용되고 있지 않았다. 그러던 중 프랑스의 경우, 종교 전쟁인 위그노 전쟁 이후 1598년 저 유명한 '낭트칙령'을 통해 개인의 종교적 믿음에 대한 사상적 자유를 허용했다. 물론 이러한 자유는 이후에도 지배 세력의 성격에 따라 여전히 무수한 압박과 탄압을 감수해야 했다. 홉스의 조국 영국 역시 종교 개혁을 통해 구교인 가톨릭으로부터 개신교인 성공회가 분리 독립하여 국교회로 탄생하는 등 새로이 등장한 다양한 종파의 그리스도교가 세상에 나오게 되었다. 해서 비록 성공회가 국교로 선포되었지만 이후 구교와 신교, 신교 내 여러 교파들 간의 공존을 도모하는 유화적 정책을 펴기도 했다. 하지만 국교회를 신봉하지 않는 장로교나 청교도인들은 국가권력으로부터 엄청난 박해와 고통을 감수할 수밖에 없었다. 급기야 신앙의 자유를 찾아 목숨을 건 탈출이 이어지기 시작했다. '메이플라워호 사건'은 그 단적인 사례 중 하나였다. 이로부터 드러나듯이, 영국은 사실상 종교의 자유가 허용되지 않았던, 그런 면에서 개인의 기본적 권리와 자유가 현저히 침해·훼손된 억압적 사회였다.

　이러한 영국의 정치적·시대적 상황 속에서, 홉스는 분연히 일어나 온전한 '신앙의 자유'를 외쳐댔던 것이다. 그렇다면 그처럼 종교 선택의 자유가 허용되지 않던 당시의 암울했던 현실에 대해 홉스가 취했던 저항적 몸짓은 어떤 계기와 동기에서 비롯된 것이었던가? 이 점은 개인의 신앙 문제에 관한 홉스의 시각에서 여실히 드러난다.

> 만약 왕이나 원로원 또는 그 외의 주권자(통치권자)가 우리에게 그리스도를 믿지 말라고 명령한다면 우리는 어떻게 되는가? 나는 이 문제에 대해 다음과 같이 답하고자 한다. 즉 그러한 금지는 아무런 효과가 없다. 믿거나 안 믿는 것은 결코 사람의 명령에 따르는 것이 아니기 때문이다. 신앙은 하느님이 주신 선물로서 결코 사람이 줄 수 있거나 보상에 대한 약속이나 고문과 같은 위협을 통해 빼앗을 수 있는 것이 아니다. (……) 그리스도인은 그리스도에 대한 신앙을 마음속 깊이 간직하면서도 (군주의 명령이 있는 경우에는) 혀로써 신앙 고백을 할 자유가 있다.(42장, 332쪽)

홉스는 이러한 '신앙관'에 입각하여, 개인의 신앙과 종교적 믿음에 대해, 그 지위 고하를 막론하고 관여하거나 간섭하는 행위, 특히 정치적 권력자들에 의해 강제적으로 개인의 종교 선택권을 박탈하는 처사에 대해 신랄한 비판을 가하고 있다. 이때 내놓는 비판의 근거는 다음의 두 가지이다.

> 이것은 우리 구세주의 '너희들이 다른 사람에게서 대접을 받고자 하는 대로 너희도 다른 사람을 대접하라'는 말씀과도 어긋나며, '다른 사람이 네게 하기를 원치 않는 것을 너희도 다른 사람에게 행하지 말라'는 (의심할 바 없이 영원한 하느님의 법인) 자연법에도 어긋난다.(42장, 333쪽)

이러한 근거에 따라, 홉스는 모든 개인은 각자의 세계관과 가치관, 인생관에 따라 특정한 종교를 자유롭게 선택할 수 있으며, 필요하다면 '무신론'의 입장을 고수할 수도 있다고 보았다. 말할 것도 없이 이러한 홉스의 종교에 대한 관점과 입장은 최고 통치권자에게도 해당된다. 다시 말해 절대적 권력자인 군주라 할지라도 개인의 종교 선택 문제에 관여해서는 안 된다는 '원칙'을, 홉스는 정치적 통치권자에게도 적용하고자 한다. 영국 국교회 이외에 여타 종교나 종파를 허용하지 않고 있던, 서슬 퍼런 종교적 탄압이 자행되고 있던 상황에서 감히 군주마저도 개인의 신앙 생활에 관여하지 말 것을 '원칙'으로 제시하는 그 대담함과 강고한 결의를 통해, 우리는 다시 한번

홉스라는 정치철학자의 선각자적인 용기와 결기를 확인하게 된다.[14]

스콜라 철학, '어둠의 왕국'의 이데올로기

『리바이어던』의 3부에 이어 '어둠의 왕국에 대하여'라는 제목의 4부에서도 교회와 교회 권력의 문제점과 한계에 대한 홉스의 치열한 비판은 계속해서 이어진다. 비판의 세기와 강도 역시 더욱 높아져 간다. 다만 종교와 교회에 대한 비판이라 할 3부와 4부에서 겨누는 과녁은 일정 정도 차이가 있다. 즉 3부에서는 내전 및 전쟁 상황을 야기한 핵심 원인으로, 교회 권력 그리고 그와 연관된 성직자 및 신학자, 분파주의자와 권력 지향적 정치인 등과 같은 '행위 주체'들에 초점이 맞추어져 있다.

그에 비해 4부에서는 비판의 화살이 노리는 타깃이 보다 구체화되고 조밀해진다. 곧 교회 권력과 그 세력이 지닌 통치권의 이념적 기반 내지 '이데올로기'라고 할 '스콜라 철학', 아울러 그것의 근본적인 원천인 '아리스토텔레스 철학'을 최종적인 비판의 목표로 삼아 집중적인 공격이 이루어지고 있다. 그렇다면 도대체 어떤 이유와 근거에서 홉스는 그러한 비판적 논변을 제기하고 있는가? 이 점을 이제부터 본격적으로 살펴보도록 하자.

어둠의 왕국과 그 주도 세력의 실체

홉스는 '어둠의 왕국'이라는 표현을 통해 현재의 그리스도교 세력을, '그리스도 왕국'의 우위성을 내세워 '세속적 왕국'의 정치적 권력마저 장악하고자 혈안이 된 타락한 권력 추구 집단으로 폄훼하고 있다. 그럼 왜 홉스는 그처럼 극단적인 표현까지 써가며 비판적 공격의 수위를 높이고 있는가? 이는 당시 그리스도 교회 세력의 이념적 기반이라 할 스콜라 철학이 내건 논리, 즉 '신의 왕국(그리스도 왕국)이 지상의 왕국(세속적 왕국)보다 우위에 있다'는 주장이 너무나도 견고하게 일상적 삶의 영역에 뿌리 내리고 있는 현실을 일거에 뒤집어놓기 위한 '이론적 전략'에서 비롯된 것이라고 추측된다. 지배 세력이 구축해놓은 사회구조, 특히 폭력적 권력을 남용하는 통치 집단의 견고한 기득권 구도는 그것이 토대로 삼고 있는 이데올로기가 무력화될 때 충분히 와해될 수 있기 때문이다.

홉스에 따르면, 중세 이래 그리스도교를 등에 업고 모든 삶의 영역을 장악해온 스콜라 철학은, 이 세상은 '그리스도 왕국'과 현세의 '지상의 왕국'으로 구성되어 있는바, 전자가 후자에 대해 지배적인 위치에 있다고 설파해 왔다. 대표적인 스콜라 철학자 아우구스티누스는 그의 『신국론』에서 두 유형의 왕국을 제시하고 있다. 하나는 '신의 나라(civitas Dei)'이며, 다른 하나는 '땅의 나라(civitas Terrena)'이다. 신의 나라는 하느님의 백성이 믿음과 소망과 사랑으로 결합된 왕국이다. 반면 땅의 나라는 신을 배반하고 악마와 더불어 세속적인 탐욕과 이기심으로 그득한 사람들의 왕국이다. 아우구스티누스는 이 두 왕국 간의 끊임없는 투쟁과 전쟁이 인류의 역사 과정이며 궁극적으로 땅의 나라는 멸망하고 신의 나라가 승리함으로써 역사의 종말이자 완성에 이른다고 주창했다. 성직자나 신학자는 물론 군주를 비롯한 일반 신민들도 이러한 주장을 의심 없이 당연시 여기며 수용해 왔다.

스콜라 철학자 아우구스티누스. 비토레 카르파치오의 그림.

그러나 홉스만큼은 예외였다. 그는 교회 세력이 겉으로는 영적인 신의 왕국을 표방하지만 실제로는 세속적 지배 권력을 손아귀에 넣어 지상의 왕국을 지배하려는 불순한 권력 집단에 다름 아니라는 사실을 정확히 꿰뚫어보고 있었다. 이에 홉스는 그리스도 왕국의 본성과 실체를 드러내 폭로하면서, '지상의 왕국이 그리스도 왕국의 우위에 서 있다'는 입론을 강력히 주창하고자 신의 왕국을 '어둠의 왕국'으로 규정하여 강력한 비판을 제기했던 것이다. 홉스는 어둠의 왕국에 대해 다음과 같이 정의 내리고 있다.

『성경』의 여러 곳에서 말하고 있듯이, 어둠의 왕국은 '이 세상 사람들을 지배할 권세를 얻기 위해 모호하고 잘못된 교설을 통해 자연의 빛과 복음의 빛을 사람들 마음으로부터 사라지게 만들어, 앞으로 다가올 하느님의 왕국에 들어갈 준비를 못 하도록 방해하는 사기꾼들의 동맹'이다.(44장, 403쪽)

그렇다면 홉스가 이렇듯 신랄한 비판의 대상으로 삼은 '어둠의 왕국을 주도하는 세력'은 대체 어떠한 잘못을 자행했기에 그토록 심한 모욕적인 언사까지 듣는 것인가? 홉스의 진술을 통해 이를 확인해보자.

적은 우리의 타고난 무지의 어둠 속에 둥지를 틀고 존재해 왔으며 영적인 오류의 독초를 심어놓았다. 첫째로, 적은 『성경』의 빛을 속이고 꺼버림으로써 그렇게 했다. 왜냐하면 『성경』을 알지 못하면 잘못을 저지르게 되기 때문이다. 둘째로, 적은 이교도 시인들의 귀신론, 즉 우상이나 머릿속에서 만들어진 귀신에 관한 황당무계한 전설 같은 이야기를 꾸며냄으로써 그렇게 했다. (……) 셋째, 적은 여러 가지 종교적 유물들과 헛되고 그릇된 그리스 철학, 특히 아리스토텔레스 철학을 『성경』 속에 섞어 넣어버림으로써 그렇게 했다. 넷째로, 적은 이처럼 오류이거나 불확실한 전통들과 신뢰하기 어려운 날조된 역사를 뒤섞어버림으로써 그렇게 했다. 그에 따라 우리는 우리를 속이는 유령들에게 홀리게 됨으로써 잘못을 저지르게 된다. 그처럼 귀신론에 의거한 그들의 가르침은, 양심이 마비되어 의도적으로 속이려는 자들의 위선적인 거짓말에서 비롯된 것이다.(44장, 404쪽)

이러한 홉스의 진술은, 당시 영국 사회를 실질적으로 장악하여 온갖 악행을 일삼으며 폭력적 사태를 야기하고 있던 그리스도교 세력과 교회에 대해 홉스가 얼마나 적대적인 태도를 취하고 있는지를 여실히 느끼게 해준다. 그렇다고 감정적이며 정서적인 입장으로 흐르는 것이 아니라, 시종일관 논리적 근거와 타당한 이유를 대면서 이성적 관점에서 행해지고 있음을 또한 깨닫게 해준다.

어둠의 세력의 이념적 정체성: 스콜라 철학

이처럼 이성적이며 냉철한 논리적 관점은 어둠의 세력, 곧 그리스도교 세력의 이론적 정체성과 기반을 형성하고 있는 사상 체계로서 스콜라 철학에 대한 비판적 언명을 통해 확인된다. 사실 스콜라 철학에 관한 홉스의 비판적 입장은, 새로운 철학 체계를 수립하고자 시도하면서 직면했던, 특히 방법론적 차원에서 스콜라 철학이 드러낸 시대적·사상적 한계와 난점들에 대한 비판적 지적에서부터 드러났었다.

홉스는 낡은 전통에 뿌리박고 있는 자의적이며 주관적인 억견(doxa)과 그럴듯한 말의 유희에 불과한, 반드시 극복되어야만 할 잘못된 철학의 대표 유형으로 스콜라 철학을 들고 있다. 홉스는 그러한 시대착오적인 철학의 고질적인 난점을 불합리 또는 무의미한 말로 진단하면서 그 병폐의 근본 원인을 방법론의 결핍에서 찾았다.

> 일반적 의미를 지닌 말을 갖고 추론하여 얻은 일반적 추론이 그릇된 경우에, 흔히 이것은 '오류'라고 불린다. 하지만 정확히 말하면 이것은 '불합리' 혹은 무의미한 말이라고 해야 한다. (……) 이처럼 말의 소리만 있을 뿐 아무 의미도 없는 말을 '불합리한' 말, '무의미한' 말, '터무니없는' 말이라고 한다. 따라서 어떤 사람(스콜라 철학자)이 '둥근 사각형', '비물질적 물체', '자유로운 신민', '자유 의지', 방해물의 방해를 받는 것 이외에는 자유로운 '자유'에 대해 말한다면, 그는 오류를 범

하는 것이 아니라 의미 없는 말을 하는 것이다. 즉 그런 말은 불합리한 것이다.(5장, 29쪽)

이처럼 『리바이어던』의 초반부에서는 방법론의 수준에서 그 한계와 난점을 비판하던 홉스는, 이후 후반부의 종교 및 교회 비판 대목에서는 정치적·실천적 차원에서 스콜라 철학의 문제점을 지적한다. 곧 세속적 이해관계와 결부된 사안들에 대한 교회 권력의 개입을 옹호·정당화하는 논리로서 그 기능을 수행하고 있는 점에 주안점을 두어 스콜라 철학의 본질을 치밀하게 논파하고 있다. 요컨대 홉스에게서 스콜라 철학은 자연 철학에서부터 도덕철학과 논리학, 국가학에 이르기까지 치열한 비판 및 극복의 대상이 되고 있다.

스콜라 학파의 자연철학은 학문이라기보다는 몽상에 가깝다. 지각 없고 아무 의미도 없는 말만 열심히 늘어놓는데, 이는 기하학적 지식이 결여된 상태에서 철학을 가르치려는 사람들에게는 피할 수 없는 일이다. (……) 또한 스콜라 학파의 도덕 철학은 그들 자신의 감정을 묘사하는 것에 불과하다. (……) 정부가 있는 곳에서는 시민법이 행위의 규칙이다. 즉 시민법이 정직과 부정직, 정의와 부정의 그리고 일반적으로 선악을 결정한다. 하지만 그들은 자신들의 호불호를 선악의 기준으로 삼았다. (……) 스콜라 학파의 논리학은 추론하는 방법이 아니라 단지 궤변 늘어놓기에 불과하고, 문제의 해결을 돕기는커녕 어떻게 하면 어려운 질문으로 그들을 괴롭힐 수 있을까 고민하는 발명품에 불과하다. 결론적으로 말해서, 옛 철학자들의 주장처럼 터무니없는 것도 없다.(46장, 444~445쪽)

왜곡된 성서 해석에 대한 비판적 지적과 오류 시정

어둠의 나라, 즉 그리스도 왕국에 대한 홉스의 비판에서 특히 주목할 점은, 성직자나 신학자들에 의해 자행되고 있는 왜곡된 성서 해석이다. 가령 '성경의 빛을 오용하고 꺼뜨렸다'는 언급에서 드러나듯이, 지금까지 성직자나 목회자, 신학자들은 현실 문제에 개입하여 자신들의 이해관계를 관철하고자 하느님의 말씀을 자의적으로 해석하고 악용했다는 지적이다. 요컨대 보편적인 계급 초월적인 관점에서 성경을 읽어내거나 사회적 약자의 시선에서 바라보는 대신, '일부 성직자와 목회자, 신학자가 주도하여 세속적 정치권력 집단으로 변질된 교회 세력이 자신들의 집단적 이익을 위해 성경의 의미를 자의적으로 왜곡·전파함으로써 급기야 계층들 간 대립과 충돌을 일으키고 사회를 전쟁 상태로 내모는 결과를 초래했다는 것'이다. 당연히 일반 신민들은 이러한 사실을 제대로 간파하지 못한 채, 성직자나 목회자가 제멋대로 전달하는 설교나 복음의 내용에 따라 왜곡된 삶을 살아왔다는 지적이다.

이렇듯 홉스는 성경의 해석을 둘러싸고 전개되어온 일련의 상황에 대한 비판적 본질 인식을 통해, 현실 세계에서 교회와 성직자, 신학자 및 대학 교수들이 얼마나 부패하고 타락했는지, 아울러 어떻게 세상을 혼돈과 무질서의 세계로 이끌고 있는지를 고발하고 있다. 예컨대 홉스에 따르면, '하느님의 왕국이 지금의 교회'라는 성경 해석이야말로 가장 대표적인 오류 내지 거짓된 해석의 전형이다.

> 『성경』을 가장 크게 오용하는 일은 하느님의 왕국에 관한 다음과 같은 해석을 입증해보이기 위해 그 본질을 왜곡시키는 일이다. 그로부터 나머지 대부분의 오용이 잇따라 나오거나 혹은 그것에 영합하는 것들이 이끌려 나온다. 이 해석에 따르면, 『성경』에서 종종 언급되어온 하느님의 왕국은 현존하는 교회이거나 또는 지금 살아 있는 그리스도인들과 마지막 심판의 날에 다시 부활할 죽은 자들의 집합이라는 것이다.(44장, 404쪽)

홉스에 의하면, 어둠의 세력은 아직 도래하지도 않은 '하느님의 왕국'이 마치 현존해 있는 것처럼, 거짓된 성서 해석과 잘못된 교설, 엉터리 복음을 전파하면서 실제로는 자신들의 세속적 이익과 기득권을 끊임없이 확대해왔다. 그러한 세력이 현존한다고 제시한 그리스도 왕국이란, 신의 말씀에 따라 세워진 진정한 신의 왕국이 아니라, 단지 그들 자신의 권력 행사를 위한 '사기꾼들의 동맹', 즉 어둠의 왕국에 다름 아니라는 것이다. 이런 연유에서도 홉스는 지상의 나라에 하느님의 왕국이 다시 도래할 때까지, 그리스도 왕국은 세속적 왕국의 철저한 지배와 통제 아래 놓여 있어야 한다고 주장한다. 이것이야말로 『리바이어던』에서 홉스가 일관되게 주장하는 '교회에 대한 국가의 우위론' 테제다. 이는 군주권에 대한 교황권을 옹호하기 위한 성경 구절들의 오류를 지적하는 대목에서 고스란히 확인된다.

두 줄기의 빛이 있는데, 강한 빛이 교황이고 약한 빛이 왕이라는 것이다. 이런 식으로 말하면 『성경』의 첫 구절을 가지고도 그러한 주장을 할 수 있다. 하늘은 교황을 뜻하고 땅은 왕을 뜻한다고 말이다. 이러한 주장은 『성경』에 대해 논의하는 것이 아니라, 군주들을 향해 무엄한 모욕을 가하는 것이다. 그러한 주장들은 교황의 권력이 그리스도인 왕들을 함부로 대할 수 있을 만큼 확대된 이후에 나온 것이다. (……) 이 같은 성경의 구절을 내세워 황제들의 목을 짓밟는 것은, 황제들을 조롱하는 일일 뿐 아니라 『성경』을 우롱하는 일이다.(44장, 414쪽)

학문의 자유 상실을 고발하다

사망 선고를 받은 신학적 교설, 유령으로 배회하다

홉스가 당시의 종교 및 교회 세력에 대해 끈질기게 비판을 제기했던 것은 그들이야말로 당시의 사회적 혼란을 초래한 핵심 주체였기 때문이었다. 한데 그들이 그 같은 폭력적 힘을 거침없이 사용할 수 있었던 데에는, 종교와 사상, 학문을 독점하여 자신들의 기득권을 두둔하고 옹호하는 도구로 활용할 수 있었던 상황이 크게 한몫했다. 더불어 그들의 종교적 세계관이

나 학문적 입장 등에 반하거나 다른 목소리를 내는 이들에게
는 가차없는 처벌과 탄압이 가해졌다. 그런 점에서 홉스의 종
교 및 교회 비판의 철학적 의도는 '학문의 자유 상실'에 대한
고발에서 그 이유를 또한 찾을 수 있다.

　주지하다시피 홉스가 살았던 16~17세기 유럽 사회는, 종
교와 신학이 천문학이나 물리학을 비롯한 모든 학문을 지배·
통제하던 시절이었다. 철학 역시 종교와 신학을 위해 봉사하는
도구적 수단의 위치에 놓여 있었다. 유물론과 과학적 세계관을
전폭적으로 수용하여 새롭게 철학을 수립하고자 시도하고 있
던 홉스로서는, 이처럼 '신학의 시녀로서의 철학'이라는 시대
적 흐름에 대해 엄청난 불만과 비판적 고뇌를 품을 수밖에 없
었다. 말할 것도 없이, 철학과 과학은 이성의 차원에서 '입증되
고 논증'된 것만을 진리로 간주하는 데 비해, 신학은 증명을 건
너뛰고 '무조건적인 절대적 믿음'을 중시하고 있다는 점에서,
양자는 사실상 공존하기 어려웠기 때문이다.

　이러한 상황에서 홉스는 시종일관 논리적 추론과 분석, 합
리적 논증과 같은 엄밀한 철학적 사유 방식에 의거하여, 일방
적 믿음에 기댄 신학과 그에 기초한 사회적·정치적 논변들에
대해, 그 근거가 과연 타당하고 정당한 것인가를 비판적으로
검토했다. 그리고 그러한 작업을 통해 성직자 및 신학자들이

내놓은 학문적 입론과 정치적 논변들은 수용하기에는 너무나 많은 문제점과 오류로 가득 차 있다는 잠정 결론을 내렸다. 동시에 그런 이유를 들어, 성직자와 신학자를 포함한 교회 세력의 정치 참여는 사회를 혼란과 내분으로 몰아갈 것이라고 강하게 질타했다.

이어 마침내 그러한 문제점과 오류의 근원이 다름 아닌, 신학자와 성직자들이 모든 학문의 이론적·사상적 토대라고 떠받드는 '스콜라 철학'임을 거명하며 그에 대한 근본적 비판을 가했다. 그 자체 논증되거나 입증될 수 없는 오류와 거짓으로 충만한 철학 체계가 바로 스콜라 철학이라는 이유에서였다. 이 같은 사실을 감안할 때, 홉스가 말하는 '배회하는 유령'이라는 언표가 내포한 의미를 우리는 온전히 읽어낼 수 있을 것이다.

> '지금 투쟁을 벌이고 있는 교회가 『구약』과 『신약』에서 말하는 하느님의 왕국이다'라는 교설이 현세에 받아들여진 이후에 어떤 일이 벌어졌는가 보자. 왕국에 속하는 각종 직무, 특히 그리스도의 대리자로 군림할 권한을 차지하기 위한 온갖 야심과 유세 운동이 만연하게 되었으며 급기야 그것은 이전 투구의 양상을 보이고 있기까지 하다. (……) 만일 누군가 거대한 교회 권력의 근원이 어디에 있는지를 고찰해본다면, 현

교황정치 제도는 이미 소멸해버린 '로마제국의 유령', 그것
도 자신의 무덤 위에 왕관을 쓰고 앉아 호령하는 한갓 유령에
지나지 않는다는 사실을 누구라도 쉽게 간파할 수 있을 것이
다.(47장, 463쪽)

이러한 진술은 근대의 과학혁명을 통해 이미 사망 선고를
받은 종교적·신학적 교설, 특히 신학의 이론적 토대로서 기능
하는 스콜라 철학이 자연과학을 비롯한 모든 학문의 제왕으로
여전히 군림하는 실태를 비아냥거리고 있는 것이다. 천동설을
대신하여 '지동설'이 새로운 진리 체계로 수용되고 있던 현실
에서도, 신학과 그에 복무하는 스콜라 철학은 여전히 신 중심
의 천동설이 유일한 '과학적 진리'라고 강변하면서 학교 등에
서 이를 가르치고 있던 실상을, 홉스는 그처럼 정면에서 비판
하고 나섰던 것이다. 이러한 홉스의 입장은 한층 더 직설적인
어법으로 표출되고 있기도 하다.

(교황의 권위에 의해 설립되고 규제되어온) 대학에서 가르쳐지고
있는 아리스토텔레스의 형이상학과 윤리학, 정치학, 그리고
스콜라 철학자들의 경박하고 설익은 개념적 구분과 조잡한
용어들 그리고 모호한 말 등은, 그들의 오류가 드러나지 않

고 계속해서 유지되도록 하는데, 아울러 사람들이 그처럼 공
허한 철학의 '도깨비불'을 복음의 빛으로 오인하도록 하는 데
기여하고 있다.(47장, 460쪽)

이처럼 홉스는 당시 신학과 스콜라 철학이 전일적으로 영
국 사회를 장악함으로써 학문의 세계에서 초래된 내적 모순,
즉 학문의 '자유 상실' 실태를 직접 거명하며 이를 폭로하고
있다. 왜? 한마디로, 진정한 의미에서 학문의 자유를 되찾기
위해서 그랬다. 이는 현실에서 분란과 전쟁의 종식 그리고 이
어지는 안정되고 질서 잡힌 평화 체제의 구축을 위한 대단히
의미 있는 출발점이 되는 것이었다.

스콜라 철학의 실체적 본질

학문의 자유가 사라진 사태에 대한 홉스의 비판은 곧바로
이른바 학문의 전당으로서의 '대학'에 대한 비판으로 연결된
다. 홉스가 보기에, 대학은 원래 진정으로 자유롭고 자율적인
학문 탐구의 전당으로서 본연의 역할과 책무를 수행해야 한다.
하지만 기본적 역할은 고사하고, 어둠의 세력인 교회 권력의

입장을 옹호·선전하는 기능을 수행하는 이데올로기적·도구적 존재로 변질되어버렸다. 이런 연유로, 홉스의 종교 및 교회 비판은 대학까지 확장된다.

앞서 종교 비판은 '국가권력'과 '세속화된 종교 권력' 간의 역할 대비를 통해, 현실 정치에 대한 교회의 적극적 관여에 비판의 초점을 맞추고 있었다. 그에 비해 대학에 대한 비판은, 교회 권력의 세속화를 가능케 한 이론적·이념적 힘의 '물질적 토대'가 바로 대학이라는 사실을 주된 공격의 표적으로 삼고 있다. 그런 만큼 대학에 대한 비판은 종교적·신학적 교설을 철학적으로 뒷받침해주고 있는 스콜라 철학, 특히 그것의 '근원적인 원천'이라고 할 아리스토텔레스 철학에 주안점을 두고 있다.

현재 '대학'이라 불리는 것은 한 도시에 존재하는 여러 학교들을 한데 모아 하나의 단체로 만들어 단일 행정권 아래에 둔 것이다. 그런데 주요 학교들의 경우는 세 가지 전문 분야를 가르치도록 되어 있다. 로마 종교와 로마법 그리고 의학이다. 여기에 철학 연구가 들어설 자리는 없다. 철학은 로마 종교의 시녀로 겨우 명맥만 유지하고 있는바, 그마저도 아리스토텔레스의 권위가 대학에서만큼은 지금도 통용되고 있기 때문에 그러하다. 하지만 그러한 철학 연구도 엄밀히 말하면 철학이 아니라 '아리스토텔레스학'이다.(철학은 대가의 권위에 달려 있는 학문이 아니기 때문이다.)(46장, 445~446쪽)

여기서도 엿볼 수 있듯이, 홉스의 대학 비판은 결국 철학 비판으로 이어지며 그것은 다시 스콜라 철학과 그것의 핵심 토대를 이루는 아리스토텔레스 철학으로 귀착된다. 이는, 어둠의 왕국으로 불리는 '사이비 그리스도 왕국'과 세속화된 교회권력을 국가권력에 복속하기 위해서는, 그 이념적·철학적 토대를 제거하지 않고서는 불가능하다고 판단했기 때문이다.

홉스가 볼 때, 현실에 개입하여 지배력을 확장하고 국가권력마저 손아귀에 넣고자 했던 교회 세력의 행태를 감싸고 정당화하는 '거짓 논리'를 제공해주던 본거지가 바로 대학이었던 셈이다. 그리고 그 엉터리 논리의 원천이 바로 스콜라 철학이었다. 이러한 홉스의 통찰이 타당하고 설득력을 갖추고 있다면, 당시 대학과 스콜라 철학은 영국 사회를 혼란과 대립으로 몰고 간 근본적인 원인 제공자였음이 명백히 밝혀지는 셈이 된다.

바로 이 같은 의도와 동기로부터, 홉스는 대학을 비판하고 스콜라 철학을 공격했던 것이다. 이때 스콜라 철학을 무력화하기 위해서는, 그것의 근원적인 사상적 원천인 아리스토텔레스 철학까지 건들지 않으면 안 되었다. 아리스토텔레스 철학에 대한 홉스의 신랄한 비판은 이러한 맥락을 고려할 때 제대로 이해될 수 있다. 다음의 언급은 홉스가 아리스토텔레스 철학에 대해 치열한 맹공을 가하고 있음을 보여주는 대표적인 사례이다.

> 내 견해로는 아리스토텔레스의 '형이상학'만큼 자연철학과 거리가 먼 불합리한 사상은 없으며, 그의 '정치학'처럼 통치에 모순되는 것도 없을뿐더러, 그의 '윤리학'처럼 무지를 드러내는 주장도 없다.(46장, 445쪽)

이러한 비판적 진술은, 홉스가 개인 비서로 활동하기도 했던 선배 철학자 베이컨 또한 불합리한 헛된 철학의 대표적 유형으로 아리스토텔레스 철학을 지목하고 있는 지점에서, 상호 공감대를 형성하고 있다. 아리스토텔레스에 대한 베이컨의 신랄한 비판적 평가 가운데 하나는 다음과 같다.

> "아리스토텔레스는 경험을 완전히 버린 그의 새로운 추종자들, 즉 스콜라 철학자들보다도 더 큰 비난을 받아 마땅하다."[15]

---

15 프랜시스 베이컨, 『신기관』, 한길사, 2001, 67쪽.

3장

철학의 이정표

『방법서설』
르네 데카르트, 이현복 옮김, 문예출판사, 2022

교회 권력의 이데올로기로서 '신'과 스콜라 철학 비판

17세기 초반 근대 철학의 포문을 열었던 선구적 철학자들 중에는 홉스 그리고 그와 경쟁 관계에 있던 데카르트가 있었다. 데카르트와 홉스가 얼마나 긴밀한 관계를 형성하고 있었는가는 데카르트의 『성찰』에 대한 홉스의 비판이 1641년 그 책의 부록으로 출판되었다는 점을 통해서도 확인된다.

둘은 각기 살아간 조국은 달랐지만, 여러모로 철학적·학문적 공통점을 공유하고 있었다. 우선, 데카르트와 홉스는 기존에 통용되어온 철학과 철학적 방법론을 낡고 고루한 시대착오적인 것으로 통렬히 비판했다. 그와 함께 근대 자연과학의 눈부신 성과에 자극받아, 기계론적 세계관과 수학적·기하학적 방법론, 논증적 추론 방식 등에 의거하여 전면적으로 새롭게 혁신된 철학을 구축하고자 시도했다. 그 잠정적 결과물로 홉스가 『리바이어던』을 내놓았다면 그에 상응하는 데카르트의 일차적 성과물이 다름 아닌 『방법서설』이었다.

그런데 데카르트가 차용한 수학적 방법에서 가장 중시한 것은 기하학이었다. 그는 자명한 공리로부터 연역적 방식을 통해 정리들을 증명해내는 방법을, 기하학적 원리에서 체득하여 이를 철학함의 모형으로 삼았다. '기하학적 방법'이라 이름 붙여진 이러한 방법과 논리에 따라, 데카르트는 더 이상 의심하거나 부정할 수 없는 그 자체 명석 판명한 제1원리를 발견했다. 그것은 저 유명한 '나는 생각한다. 고로 존재한다(Cogito ergo sum)'라는 명제로 정식화되었다.

데카르트는 이러한 철학의 제1원리를 토대로 삼아, 이성적 능력에 비추어 그 진리성과 확실성이 담보되는 철학 체계를 구축해나갔다. 여기에는 당시 학문의 제왕으로 군림하던 신학과 그것의 이념적 봉사자로서 스콜라 철학을 혁파하려는 데카르트 본인의 실천철학적 의도가 자리하고 있었다.

이 지점에서 우리는 또다시 홉스와 데카르트 양자의 실천철학적 지향점에서의 공분모를 발견하게 된다. 곧 당시 막강했던 교회 세력과 그것의 이데올로기적 기반이었던 스콜라 철학을 타파, 혁신하고자 했던 홉스의 정치철학적 기도가 데카르트의 실천철학적 기획 의도와 정확하게 합치하고 있음을 간파하게 되는 것이다.

그러한 기획 의도는 데카르트의 다음 진술에서 찾아질 수 있다. "한 가지 점에 대해서는 오직 단 하나의 참된 의견만이 있을 터이지만, 대단히 많은 의견들이 학자들에 의해 실제로 각각 주장되고 있음을 목도하고선 나는 단지 그럴듯하게 보이는 것들에 관해서는 거의 모두가 거짓된 것으로서 간주하였다."[16]

겉으로는 명확히 드러나지 않지만 이러한 언급 속에는 '가면을 쓰고 다니는 신사'라는 별명에 맞게 철학적 속내를 함부로 드러내지 않던 데카르트의 치열한 문제의식과 비판적 논지가 숨겨져 있다. 곧 '스콜라 철학을 비롯해 신학의 들러리로 전락한 철학적 입론들은 각기 다른 종교적 분파들이 내세우는 신적인 계시에 그 뿌리를 두고 있다. 그런 탓에, 상대방의 주장은 전혀 신의 뜻이 아니며 자신의 입장만이 신의 의도에 따른 진리인 양 강변함으로써 사회적 혼란을 야기하고 있다'는 것이다. 이는 세속적 권력 집단으로 변질된 다양한 종교적 분파들의 이념적 도구로 철학이 이용되는 당시의 사태에 대한 데카르트의 개탄과 문제 제기를 보여준다.

---

16 르네 데카르트, 『방법서설』, 이현복 옮김, 문예출판사, 2001, 155쪽.

이처럼 『방법서설』에서 개진된 데카르트의 논변들은 외견상 인식론이나 존재론에 전적으로 국한된 순수 이론적인 내용처럼 보이지만, 실상 그것들은 치열한 실천철학적 비판 의식의 표출로 점철되어 있다. 요컨대 지배 세력 및 교회 권력의 철저한 감시와 탄압에도 불구하고, 데카르트는 대단히 모호하고 은밀한 서술 방식을 통해 당시 프랑스를 비롯한 유럽 사회의 모순적 사태에 관해 치열한 사회비판적 관점과 입장을 개진하고 있었던 셈이다.

두 번째 이정표

『통치론』
존 로크, 강정인·문지영 옮김, 까치, 2022

홉스 저항권론의 계승적 발전으로서 로크 저항권론

민주주의 이론의 역사에서 로크는 인민의 저항권을 최초로 정립하여 체계화한 선구적 철학자로 평가되어왔다. 반면 홉스는 인민과 통치자 간의 관계에서 후자의 입장을 절대적으로 옹호한 사상가로 통상 이해되어왔다. 아울러 강력한 통치권 혹은 국가권력의 행사를 통해 인민들을 지배·통제함으로써 사회적 안정과 평화의 구현을 추구하는 절대군주론자 또는 '국가주의 철학자'로 오인되고 있는 실정이기도 하다. 아마도 이렇게 된 데에는 누구보다 나치 시기 히틀러 정권의 이데올로그였던 칼 슈미트(Carl Schmitt, 1888~1985)의 홉스 독해가 결정적인 영향을 미쳤다고 볼 수 있다.

이처럼 홉스와 로크는 둘 다 사회계약론의 전통을 수립한 선구적 정치철학자로 평가받으면서도, 현대 민주주의의 시각에서 서로 상이한 대비적인 평가를 받고 있다. 이러한 상반된 해석은 저항권에 관한 분석 및 평가에서도 이어진다. 즉 홉스는 『리바이어던』에서 통치자의 주권이 철회되거나 포기될 가능성을 전면 부정하고 있는 양 그간 해석되곤 했다. 반면에 로크는 『통치론』에서 입법권뿐 아니라 집행권마저도 인민에 의해 폐지될 수 있다는 논지를 펴고 있다. 이는 인민의 저항권 사상으로 체계화되었으며 로크가 구상한 자유주의 통치 체제에서 그 최고 핵심은 인민의 저항권을 인정한 데 있다는 평가로 이어져왔다.

전근대에서 근대 사회로 넘어오던 이행기였던 당시, 군주권에 대한 도전은 신성모독의 대죄로 간주되기 십상이었다. 더욱이 군주를 왕좌에서 끌어내릴 수 있는 저항권을 인민에게 부여해야 한다는 주장은 그야말로 파격적이며 급진적인 것이었다. 그에 따라 오늘날 로크는 진정한 자유 민주주의 원리의 구현자이자 현대 저항권 사상의 선구적 정치철학자로 위치지어지고 있다. 이러한 의미와 이론사적 맥락과 관련해서도 로크의 『통치론』은 필독할 필요가 있다. 하지만 『리바이어던』을 중심으로 개진된 저항권에 관한 홉스의 논변과 상호 비교 분석하기 위해서도 또한 반드시 읽어야만 할 저서이다.

이미 살펴본 것처럼, 홉스는 로크에 앞서 인민들의 자발적이며 자유로운 계약에 의해 통치권의 정당성과 권위를 추인하고 이를 주권자인 군주에게 위임함으로써 절대군주권이 제어되는 '제약적 군주 정치'를 새로이 내놓았다. 나아가 인민(신민)들 각각의 생명권을 비롯한 자연권이 통치자에 의해 침해·박탈될 경우 이에 불복하고 저항할 수 있는 권리인 저항권을 훼손되거나 포기될 수 없는 자연권으로 인정했다.

사정이 이러함에도, 홉스의 사회철학은 통치자의 '주권의 절대성'을 앞세워 절대군주 정치를 옹호한 사상인 양 평가 절하되었다. 아울러 그의 계약론 역시 내적 한계를 지닌 것으로서 이후 로크에 의해 보완·극복되는 것처럼 해석되어왔다. 동시에 저항권에 관한 한, 홉스는 이에 대해 아예 거론조차 하지 않은 것처럼 오인되어왔다.

그런데 여기서 주목할 점은, 로크는 선배 철학자 홉스의 『리바이어던』을 '결코' 읽은 적이 없다고 공개적으로 주장하고 있다는 사실이다. 그로 인해 자신의 『통치론』이 홉스의 저서를 여러 곳에서 표절했다는 당시의 비판적 지적에 대해서도 강하게 부인했다. 하지만 『리바이어던』은 로크가 옥스퍼드 대학의 학생이었을 무렵 출간되었으며 더욱이 그 당시 사회적으로 엄청난 센세이션을 불러일으켰던 문제작이었는바, 이를 읽어보지 않았다는 로크의 강한 부정은 심히 의심스럽지 않을 수 없다.[17] 이는 진실 여부를 떠나, 대(大)철학자인 로크의 인성을 신뢰하기 어렵게 만드는 요인이다. 여하튼 이러한 이유에서라도, 로크 『통치론』의 주요 논지들을 『리바이어던』의 그것들과 상호 교차적으로 비교하여 분석해보는 것도 매우 의미 있는 작업이 될 것이다. 특히 자유 민주주의 이념에 관한 홉스 사상의 핵심 논변들이 로크의 철학에 어떻게 녹아들어가 있으며 비판적으로 재구성되고 있는가 등에 초점을 맞출 경우, 보다 생산적인 비교 독해 작업이 될 것이다.

『리바이어던』에 대한 검토에서 확인한 것처럼, 국가를 수립할 현실적 필요성이 평화 체제의 구축과 그를 통해 개인의 권리와 자유를 보장하는 데 있음을 적극적으로 표방하고 있다는 점에서, 홉스의 사상은 '민주주의 정치 원리'를 구현한 자유 민주주의 사상의 선구적 유형이라 할 수 있다. 동시에 계약을 통해 막강한 통치권을 제어하고자 시도하는 사회계약론을 사상사에서 최초로 개진했다는 점에서 '절차적 민주주의'의 초석을 세웠다는 사실도 살펴보았다. 아울러 국가권력이 개인의 자연권을 훼손하는 사태에 맞서 그에 저항할 권리를 '명시적

---

17 이 점에 관해서는 김용환, 「토마스 홉스: 보수적 이상주의자」(1995), 《철학과 현실》, 철학문화연구소, 1995, 168쪽 참조.

'으로' 인정했다는 점도 확인해보았다. 그러므로 이러한 몇 가지 사안들에 초점을 맞추어, 로크의 『정부론』에서 이에 관한 대응적 논변들이 어떻게 구상·기획·전개되고 있는가를 '비교 사상적'으로 고찰할 경우, 홉스와 로크 간의 철학적 공과의 차이점을 명확히 간취해볼 수 있다. 그럼으로써 로크 정치철학의 핵심 부문들 중 적지 않은 내용과 요소, 체계 등이 홉스의 『리바이어던』에서 도출되어 발전적으로 재구성되었음을 검증해볼 수 있다.

이 같은 비교 분석 과정으로부터 그동안 로크에 비해 그 사상적 중요성과 성과 등에서 부당하게 폄훼·왜곡되게 평가받았던 홉스 철학의 여러 부문들을 시정·복권시킴으로써 제대로 된 온전한 평가를 내릴 수 있는 기틀이 마련될 것이다. 아울러 로크에 앞서 개인주의, 자유주의, 민주주의 이념과 원리들의 사상적 초석을 세운 선도적인 정치철학자로서의 홉스와 『리바이어던』의 면모를 새롭게 재조명해볼 수 있을 것이다. 로크의 사상적·철학적 성과와 업적을 훼손하지 않으면서도.

『독일 이데올로기』
카를 마르크스, 프리드리히 엥겔스
김대웅 옮김, 두레, 2015

도구적 수단으로서 국가의 소멸론

홉스는 국가의 기원과 본질, 역할 그리고 그 정당성을 규명하는 국가론을 '계약론'의 관점에서 개진하고 있다. 사실 홉스뿐 아니라 로크나 루소 같은 사회계약론자들은 국가의 기원이 개별 구성원들이 자신의 기본적 권리와 자유를 보장받기 위해 동의한 계약에 있다고 해명한다. 홉스에 따르면 국가의 등장 이전의 자연 상태에서는 개인들의 생명마저 보존되기 어려운 바, 계약을 통해 보호 장치로서의 강력한 국가권력 내지 통치권의 수립을 통해 생명권을 비롯한 개인적 권리와 자유가 온전히 보장받는 상태를 확보하고자 한다.

그에 비해 마르크스는 국가란 기본적으로 지배계급의 기득권과 계급적 특권을 유지·확대하기 위한 도구적 수단으로 등장했다고 본다. 그에 의하면 본래 인류 사회는 계급이 존재치 않는 원시 공산 사회였다. 하지만 과학기술의 발전에 따른 '생산력'의 증대로 인해, 생산수단의 소유권을 둘러싸고 지배·피지배계급 간의 '생산관계'가 형성되고 급기야 양자 간의 적대적 투쟁이 촉발되었다. 이런 상황에서 국가는 소수의 지배계급이 다수의 피지배계급을 억압·착취하기 위한 도구로서 발생했다. 특히 근대적 자본주의 체제가 구축되면서 생산수단을 소유한 부르주아 계급에 의해, 육체적 노동력만을 지닌 프롤레타리아 계급에 가해진 착취와 수탈은, 군대와 경찰력을 동원한 국가권력을 통해 한층 더 그 야만성과 폭력성을 드러내보였다.

이처럼 홉스와 마르크스는 국가의 본질을 일부 계급 또는 전체 인민의 기본권과 자유, 이익을 보장하고 수호하기 위한 '수단'으로 본 점에서는 상호 합치한다. 사실 근대 이전까지만 해도, 아리스토텔레스 등에 의해 주창되었듯이, 국가를 일종의 '윤리적·정치적 공동체'로 간주하여 국가 자체를 수단이 아닌 하나의 '목적적 존재'로 규정하는 경향이 상당했다.

그런데 국가를 도구적 수단으로 파악한 점에서는 같지만, 구성원 전체의 생명과 자유를 보장하기 위한 자유로운 동의에 기초한 '계약의 산물'로 본 홉스와 달리, 마르크스는 지배계급이 기득권을 유지하기 위한 수단으로서 국가를 고안해냈다고 보는 점에서, 근본적인 차이가 있다. 나아가 이 차이는 자연 상태에서의 '무한 투쟁'을 종식하기 위해 국가의 수립을 요청하는 홉스의 논지와, 사회 체제 내에서도 통치 집단의 지배권 유지를 위한 '계속적인 투쟁의 촉진'을 위해 국가를 도입하는 마르크스의 논지, 양자 간의 보다 첨예한 대립 구도로 표출된다.

이에 더해 홉스는 투쟁의 종식과 평화 체제의 영구적 구축을 위해서는 국가가 지속적으로 존립해야 한다고 보는 반면, 마르크스는 계급 투쟁으로 촉발된 계급 혁명을 통해 공산주의 사회가 도래하면 계급 갈등이 해소되면서 국가 또한 소멸한다고 전망한다.

국가론을 둘러싼 두 철학자의 이 같은 사상적 합치점과 차이점을 염두에 두면서, 『독일 이데올로기』를 일독할 경우, 국가의 역할과 기능에 관한 두 대비적인 입론의 핵심을 보다 선명히 파악할 수 있다. 아울러 자연스레 마르크스(주의) 철학의 국가론에 대한 개요를 한층 더 쉽게 통찰할 수 있다.

한데 『독일 이데올로기』는 마르크스 단독으로 저술한 것이 아닌 그의 사상적 조력자인 엥겔스와 함께 쓴 최초의 공동 저술이다. 특히 이 책에서는 두 사람의 학제적 협업을 통해 인류 역사의 전개 과정에 대한 유물론적 해석의 윤곽, 즉 '역사 유물론'의 기본적 사상이 체계적으로 서술·개진되고 있다. 그런 만큼 이 책은, 마르크스(주의) 철학의 전체 이론 체계에서도 가장 핵심적인 입론 체계의 하나로 평가받고 있다.

무엇보다 『독일 이데올로기』에서 마르크스와 엥겔스는 사회 발전의 객관적 법칙을 분석하면서 정치 및 이데올로기적 상부구조는 역사 발전 과정의 매 단계에 존재하는 경제적 관계에 의해 최종적으로 규정된다는 점을 '최초로' 해명하고 있다. 또한 그러한 작업과 연계하여 인류사의 전개 과정에서 '계급 투쟁'과 '혁명'이 역사 발전의 원동력으로 작용하고 있음을 비판적으로 규명해내고 있다. 더불어 그러한 규명 과정에서 지배계급의 기득권과 권력 유지를 위한 도구로서 국가가 지닌 억압적 본질과 수탈적 기능을 폭로하고 있다.

> 근대 국가는 조세를 통해 점차 사적 소유자들에게 매점되고, 국채를 통해 완전히 그들의 수중으로 떨어지며, 그 존재는 증권거래소에서 국채 가격의 오르내림에 따라 사적 소유자인 부르주아지가 거기에 부여하는 상업적 신용에 전적으로 의존하기에 이르렀다.[18]

---

18 카를 마르크스·프리드리히 엥겔스, 『독일 이데올로기』, 두레, 2015, 117쪽.

나아가 『독일 이데올로기』에서 두 사람은 프롤레타리아 계급의 세계사적 역할과 사명, 곧 일체의 착취 형태를 폐지하는 데 기여하는 프롤레타리아 계급 혁명의 의미와 의의를 논증해 보이고 있다. 이어 그처럼 지배/피지배계급 간의 치열한 투쟁 과정 속에서 마침내 프롤레타리아 계급에 의해 수행된 혁명을 통해 폭력적인 수탈 도구인 국가가 사라진 '공산주의 사회'의 미래를 다음과 같이 묘사하고 있다.

> 공산주의 사회에서는 사회가 전반적인 생산을 조절하기 때문에 사냥꾼, 어부, 양치기 혹은 비평가가 되지 않고서도 내가 마음먹은 대로 오늘은 이것을, 내일은 저것을, 곧 아침에는 사냥을, 오후에는 낚시를, 저녁에는 목축을, 밤에는 비평을 할 수 있게 된다. 사회적 활동이 이렇게 고착화된다는 것, 즉 우리 자신이 생산한 것이 우리의 통제를 벗어나고 우리의 기대를 뒤집어엎고 우리의 계산을 수포로 만들고, 우리를 넘어선 물질적 폭력으로 토착화된다는 것은 지금까지의 역사 발전에서 주요한 계기 중 하나이다.[19]

---

19 카를 마르크스·프리드리히 엥겔스, 같은 책, 71~72쪽.

이처럼 『독일 이데올로기』 속에는 인류의 역사를 유물론적 시각에서 계급 투쟁의 역사로 해석하면서 그 전개 과정에서 출현한 국가의 본질과 기능에 대해 풍부한 실천철학적 논지와 주요 메시지들이 담겨 있다. 그런 한에서 과학적 공산주의의 이론적 정립 시기에 마르크스와 엥겔스에 의해 공동 집필된 『독일 이데올로기』는 마르크스(주의) 철학의 사상적·이념적 기초 마련에 중요한 이정표를 이루는 선도적 작품으로 오늘날 평가되고 있다.

네 번째 이정표

『정의론』
존 롤스, 황경식 옮김, 이학사, 2003

최소 수혜자를 위한 '강한' 복지 국가

롤스는 20세기 후반기에 전 세계에서 가장 영향력 있는 실
천철학자로 평가받고 있다. 그런 그가 평생에 걸쳐 '정의'라는
단일한 주제에 천착한 끝에 나온 최고의 정치철학적 성과의
하나가 다름 아닌『정의론』이다.

이 책에서 롤스는 정치적·경제적 기본권들이 구성원들 간
에 서로 양립 가능한 방식으로 동일하게 최대한 보장되어야
한다는 '평등한 자유의 원칙'을 표방한 자유주의적 입론을 견
지하고 있다. 다른 한편으로 유사한 능력을 지닌 모든 구성원
들에게 동등한 능력 발휘의 기회가 주어져야 한다는 '실질적
기회 균등의 원칙'과, 불평등은 '최소 수혜자'에게 최대한 이득
이 보장되는 한에서 허용되어야 한다는 '차등의 원칙'을 중시

한 평등주의적 입론을 또한 제시하고 있다. 이어 이러한 자유주의와 평등주의를 상호 결합한 '자유주의적 평등주의'를 정의론의 기본적 이념 형태로 개진하고 있다.

그런데 자유주의와 평등주의 간의 결합 방식은 '절차로서의 정의'라는 사회계약론적 방법을 수용·변용한 것이다. 이를 롤스는 "나의 목적은 이를테면 로크, 루소, 그리고 칸트에게서 흔히 알려져 있는 사회계약의 이론을 고도로 추상화함으로써 일반화된 정의관을 제시하는 일"[20]이라 진술하고 있다. 이렇듯 계약론적 전통에서 롤스가 주된 관심을 기울였던 대목은 그 배후에 깔린 윤리학적 비전이었다.

하지만 롤스는 이러한 전통적 계약론과는 달리, 그것을 전체적으로 변용하여, 계약을 통한 합의의 주된 사안으로 '사회의 정치적 구조'뿐 아니라 '사회·경제적 관계'까지도 간주하여 계약에 회부했다. 그로 인해 롤스는 홉스에 의해 최초로 제안된 이래 사회계약론의 이론적 출발점이었던 자연 상태로부터 정의론의 논변 체계를 구축하기가 어려워지게 되었다. 홉스나 로크의 자연 상태는 이미 일정한 사회·경제적 관계를 내장하고 있었기 때문이다. 이런 연유로 롤스는 계약론의 출발점을

---

20 존 롤스, 『정의론』, 황경식 옮김, 이학사, 2003, 45쪽.

보다 철저한 환원 과정을 통해 재구성할 필요가 있었는바, 그 논구 결과로 제시된 것이 바로 '원초적 입장'이다.

홉스, 로크, 루소 등이 개진한 자연 상태는, 기본적으로 모든 개인들의 정치적 평등을 전제하고 있다. 따라서 통치권은 모든 구성원들의 공동 의지에 기초해야 한다고 보았다. 하지만 롤스의 경우는 이보다 더 넓은 의미의 평등을 전제로 삼고 있다. 즉 모든 개인들의 정치적 평등뿐 아니라 사회적·경제적 평등을 비롯한 인간의 본원적 평등을 고려하고 있는 셈이다. 왜냐하면 개인들 간의 육체적·정신적 차이, 그것도 우연적 차이로 인해 결과하는 불평등과 그에 따른 개인들 간의 지배·예속 관계는, 그 자체 수용할 만한 근거가 약하며 정당화되기 어렵다고 보았기 때문이다.

그에 따라 롤스는 기존의 사회계약론을 한층 더 추상화하여 그것이 지닌 한계를 극복함과 동시에 강점들을 되살려 자신의 '정의론'을 구축하고 있다. 이때 롤스가 직접 거명하고 있지는 않지만 중요한 계약론의 모형이 바로 홉스의 입론이다.

롤스가 보기에, 홉스의 계약론 모형은 '도덕론'으로서는 약점이 적지 않다. 그럼에도 그것은 논리적으로 가장 간명하고 단순한 방식으로 정식화된 것일 뿐 아니라, 이후 로크, 루소, 칸트로 이어지는 계약론적 논의 또한 그 같은 홉스의 계약론을 토대로 비판적 재구성 작업을 거쳐 그들 각자의 고유한 계약 이론적 모형으로 제시된 것이다. 이 점을 감안할 때, 홉스의 이론적 모형은 근대 사회계약론의 원형으로 평가받기에 충분하다.

그와 같이 홉스의 사회계약론적 모형은 현대 규범 윤리학 및 실천철학의 대표적 저술의 하나인 『정의론』의 구상 및 기획에 선구적인 입론으로서 적지 않은 영향을 미치고 있다. 이런 연유로 롤스의 『정의론』을 독해한다는 것은 홉스 사회계약론의 핵심 논지와 함께 그에 수반되는 주요 관념들의 함의, 나아가 홉스 정치철학의 이념적 지향성 등을 읽어내는 작업이라 할 것이다. 동시에 이는 홉스의 계약론이 오늘날 가장 유력한 실천철학 체계인 롤스의 '사회 정의론'에서 어떻게 발전적인 양태로 재구성되어 전개되고 있는가를 확인해보는 일이기도 하다. 특히 그러한 확인 과정에서 구성원들의 자발적인 동의와 합의를 통해 그것의 정당성이 담보된 홉스식의 '강력한' 통치권이 오늘의 불평등 사회, 특히 '신자유주의적 자본주의' 체제에서 강력히 요청될 수밖에 없다는 사실을 롤스의 『정의론』을 통해 확증케 될 것이다.

알다시피, 홉스가 강력한 국가권력을 수립하고자 했던 본래적 의도는 개인의 기본권과 자유, 이익 등의 복지를 보장·증진하고자 함이었다. 이는 롤스의 정의론이 추구하는 이념적 방향성, 즉 사회적 약자의 처지를 개선하기 위한 정책 등을 추진하기 위해서는, 무차별적 경쟁의 논리가 초래하는 문제적 사안들에 적극 개입하여 이를 해결할 수 있는, 강력한 복지 국가의 통치권이 필수적으로 요청된다는 점과 정확히 합치한다. 사정이 이렇다면, 홉스의 국가관 및 국가론이 어떻게 수정·변용된 형태로 현대 실천철학에 활용되고 있는가를 살피는 데 있어서 롤스의『정의론』은 그야말로 유의미한 메시지와 시사점, 정보 등을 제공해줄 수 있을 것이다.

다섯 번째 이정표

『그들에게 국민은 없다』
노암 촘스키, 강주헌 옮김, 모색, 1999

무차별적 경쟁(투쟁) 논리로서 신자유주의의 실체 규명

오늘날 전 세계를 거의 전일적으로 장악·지배하고 있는 논리는 단연 신자유주의 논리이다. 신자유주의의 실체 내지 본질에 관해서는 무수히 많은 비판서들이 있다. 그중 일반 대중들도 쉽게 접근하여 이해할 수 있는 훌륭한 저서로는 미국의 진보적 지식인인 노암 촘스키의『그들에게 국민은 없다』를 꼽을 수 있다.

신자유주의의 본성에 관해서는 다양한 해석과 해명이 존재한다. 한데 촘스키에 따르면, 신자유주의는 본질적으로 '상품의 논리', '시장의 논리', '효율성의 논리', '자율성의 논리', '무차별적 경쟁의 논리' 등으로 정리될 수 있다. 물론 이러한 논리 자체가 무조건적으로 부정적인 것은 아니다. 사실 시장의 논리

로서 신자유주의는 일반적으로 물질적 재생산의 원활한 작동
과 유지를 통해 인류 사회의 존립과 안정적인 발전을 담보하
기 위한 생존의 논리인 양 받아들여져 왔다. 그에 따라 시장의
논리이자 효율성의 논리, 경쟁의 논리로서 신자유주의는 개별
구성원들의 생명 유지와 개체 보존을 위해 필수불가결한 이념
으로 간주되고 있기도 하다.

하지만 결정적인 문제점은, 신자유주의 논리는 궁극적으로
소수의 강자 및 부자, 기업의 이익을 강화·확대하는 논리로 작
용한다는 점이다. 곧 사회의 존립과 구성원들의 삶의 유지를
위해 최적화된 생산성의 논리라는 명분에도 불구하고, 물질적
재생산의 수행 과정에서 벌어지는 개인들 간의 경쟁에서 소수
의 강자를 위한 논리로 기능하면서, 절대 다수인 패자들의 삶
을 고통의 나락으로 떨어뜨린다. 가령 시장의 논리에 따른 개
인들 간의 무차별적 경쟁은, 개인들 각자가 지닌 천부적 재능
이나 가정환경이라는 '자연적·사회적 우연 요인'이 유리한 입
장에 서 있는 자들의 승리로 귀착될 수밖에 없다. 하지만 그러
한 지극히 '우연적인 요인'의 차이로 인해 결과한 불평등은 정
당화되기 어려운 불공정한 것이다. 해서 국가는 그러한 무차별
적 경쟁이 벌어지는 시장의 영역에 개입하여, 보다 공정한 경
쟁이 되게끔 출발점을 동등하게 만들거나 실질적인 능력 발휘

기회가 주어지도록 적극 조정해야 할 역할을 수행해야 한다. 그렇지 않고 시장의 논리에 맡길 경우, 강자에게 일방적으로 유리할 수밖에 없는 사태를 허용하고 말 것이기 때문이다. 이런 점에서 시장의 논리나 무한 경쟁의 논리는 강자 및 부자의 이익을 위한 논리로서 기능하고 있는 셈이다.

또한 효율성의 논리로서 신자유주의를 추구함으로써 물질적 재화의 차질 없는 생산을 담보해내는 과정은, 지배 세력에 의한 일방적인 지시와 명령, 통제가 전일적으로 지배하는 반민주적 사회로 귀착되는 과정에 다름 아니다. 물질적 재생산의 원활한 전개를 위한다는 명분하에 이루어지는 효율성과 생산성의 추구는, 불가피하게 생산 과정이나 방식에 대한 구성원들 간의 민주적인 토의나 논의를 소모적이고 낭비적인 것으로 간주하여 배척해버리기 때문이다. 따라서 신자유주의 논리가 확산될수록, 구성원들은 소수의 지배계급에 일방적으로 복속되어 비민주적인 억압적 삶을 살아가게 된다.

이렇듯 신자유주의 논리가 급속도로 번져나가 판치게 되는 '국제 사회' 혹은 '한 국가'의 내부 상황은 흡사 홉스가 기술했던 '만인에 대한 만인의 투쟁 상태'에 다름 아니다. 자율성의 논리라는 미명하에 일절 외부로부터의 개입이 전무한 상황이 펼쳐질 경우, 일국 내 개별 성원들 사이에 또는 국가들 간에 무한 경쟁이 벌어지고 이는 점점 더 '죽느냐 사느냐' 하는 처절한 생존 투쟁으로 빠져든다는 점에서 그렇다. 더욱이 이러한 전쟁 상태를 종식하고 평화 체제 및 공정한 경쟁 환경을 조성하여 모든 개인들 또는 개별 국가들이 상호 존립할 수 있게끔 그 역할을 수행해야 할 강력한 '일국적 통치권력'이나 '국제적 정부 기구'가 부재하거나 제대로 자신의 주어진 소임을 다하지 못할 경우에, 그러한 상태는 한층 더 처절한 비극적 사태로 귀착되기 십상이다.

마치 홉스가 자연 상태의 최종 종착점은 '공멸'이라는 점을 언급했듯이, 촘스키 역시 신자유주의 논리가 이끄는 무차별적 무한 경쟁은 파멸적 결과로 귀착될 것이라고 경고하고 있다. 이런 점에서, 수 세기 전에 홉스에 의해 예견되었던 상황이, 수백 년이 지난 현재도 또다시 반복되고 있는 셈이다. 다만 홉스와 차이가 있다면, 촘스키는 새로운 자연 상태의 출현의 원인을 신자유주의 논리의 급속한 확산과 전일적 지배에서 찾아내어 비판적으로 폭로하고자 한다는 점이다.

그에 따라 촘스키는 이 책을 통해 소수 기업과 부자들에 의한 전일적 지배 상황을 차단하기 위한 국가의 시장 개입 행위를, '민주적 방식에 따라 자율적으로 문제를 해결하고 조정하는 시장의 기능과 논리'를 훼손하는 반민주적인 처사로 간주하는 신자유주의의 허구성을 적나라하게 폭로해 보여주고 있다. 그렇게 함으로써 촘스키는 국가권력으로 하여금 소수의 재벌과 부자를 위한 도구로 기능할 것이 아니라, 가난한 자들을 비롯한 모든 구성원들의 이익과 복지를 증진하는 본연의 민주주의적 소임을 수행하도록 촉구하고 있다. 이는 무제약적 군주권을 구성원들의 자유로운 계약과 합의를 통해 제한적 통치권으로 재구성하고 그것을 구성원들의 권리와 복지를 위해 행사되도록 제어할 것을 주창한 『리바이어던』의 핵심 논지를 오늘의 시대에 맞게끔 변용한 촘스키식의 '비판적 재구성 판본'이라고 부를 수 있을 듯하다.

『만들어진 신』
리처드 도킨스, 이한음 옮김, 김영사, 2007

여섯 번째 이정표

홉스 '종교 비판'의 현대적 버전

홉스는 그의 '종교론'에서 17세기 당시 세속화된 통치 집단의 하나로 자리한 교회 권력을 신랄하게 비판하고 있다.『리바이어던』의 절반 가까이가 교회 및 교회 세력에 대한 비판이라는 사실이 이를 대변해준다. 홉스는 그러한 비판적 논변에서 '정통 종교'와 '이단'을 가름하는 척도를, '신자의 숫자'와 정치적 공동체인 '현실 국가가 종교로서 인정하고 있는가의 여부'에서 찾고자 한다. 이를 통해 홉스는 소위 '정통 종교'란 존재치 않는다는 점을 피력코자 했다. 이 점은 17세기 당시뿐 아니라, 오늘날에도 그리스도교 내부에서 여전히 이단과 정통을 둘러싼 시비와 논란이 끊이지 않고 있다는 점에 비추어 충분히 수긍이 가는 대목이다.

한데 이 지점에서 한 가지 보다 유념해보아야 할 사항이 있다. 국가권력에 의해 공적으로 허용되는 경우에만 특정 종교는 비로소 종교로서의 자격 조건을 갖추게 된다는 홉스의 주장에 내재된 함의이다. 곧 홉스는 이러한 주장을 통해, 종교를 현실의 정치적 권력체인 국가의 통치권 아래 두고자 하는 것이다. 그렇지 않으면, 두 권력 집단 사이에 끊임없는 갈등과 투쟁, 급기야 내전이 발발할 수도 있기 때문이었다. 하여 홉스는 시종일관 교회 및 종교의 문제는 현실 국가의 최고 통치자가 결정하도록 위임해야 한다고 역설했다. 이는 청교도 혁명을 비롯한 영국 내 수많은 정치적 혼란과 내란의 이면에는 교회와 성직자 집단이 깊숙이 관여되어 있다는, 오랜 기간에 걸친 홉스 자신의 비판적 통찰의 산물이기도 하다. 그처럼 세속화된 교회 세력 및 권력의 흑역사에 대한 본질 인식으로 인해, 홉스는 교회 권력을 국가의 강력한 정치적 통치권에 의해 통제·제어하지 않고서는 결코 평화와 안정이 확보될 수 없다고 판단했던 것이다.

『리바이어던』에서 제기된 종교에 대한 비판적 논변은 오늘날 영국의 최고 지성의 한 사람이자 『이기적 유전자』의 저자인 도킨스에 의해 새롭게 부활하고 있다. 홉스가 살았던 시대나 도킨스가 살아가는 현 시대나 종교와 교회는 여전히 지대한 영향력과 강고한 힘을 지닌 지배 세력의 하나라고 할 수 있다. 그러므로 예나 지금이나 '세속화된' 교회와 교회 권력에 대해 신랄한 비판을 가한다는 것은, 다소 과장되게 말해서 심한 경우 목숨까지 걸 만큼의 용기와 결기를 갖추고 있어야만 한다. 그런 점에서 당시 국교회가 전일적으로 영국 전역을 장악·지배하고 있던 상황에서 목숨 건 비판을 개진한 홉스는 말할 것도 없고 도킨스의 종교 비판론 또한 지식인으로서 마땅히 해야 할, 하지만 결코 쉽지 않은 대단한 작업을 수행하고 있는 셈이다.

『만들어진 신』에서 도킨스는 이론의 차원뿐 아니라 실천의 측면에서도 종교, 특히 '일신교'를 주 타깃으로 삼아 그 결정적 난점과 본질적 한계, 현실적 위험성 등을 체계적이며 논리적인 논변의 구사를 통해 설득력 있게 드러내 보여주고 있다.

먼저 도킨스는 다양한 과학적·합리적 논증을 통해 '신은 존재치 않는다'는 사실을 입증해보이고자 한다. 그 과정에서 도킨스는 아퀴나스를 비롯한 여러 철학자와 신학자들에 의해 시도된 '신 존재 증명'을 체계적으로 논박해 보임으로써 그 타당성을 여지없이 허물어뜨리고 만다. 이러한 자신의 시도에 대해, "당신은 균형 잡힌, 행복하고 도덕적이고 지적인 무신론자가 될 수 있다"[21]는 사실을 일깨우고자 하는 의도에 따른 것이라고 도킨스는 밝히고 있다.

또한 도킨스는 기독교를 비롯한 일신교들로 인해 인류 사회는 끝없는 갈등과 대립, 전쟁에 시달려왔으며, 그런 점에서 이 같은 종교들이 사라진 세상이 한층 더 평화롭고 안온한 삶을 인류에게 제공해줄 있을 것이라고 강변한다. 마치 홉스가 '만인에 대한 만인의 투쟁'을 야기한 주된 원인들 중의 하나로 종교와 교회를 들었던 것처럼, 도킨스 역시 종교와 종교적 권력 집단이 미치는 온갖 해악과 폐해에 관해 통렬한 비판의 화살을 날리고 있다. 그에 의하면, 오랫동안 지구상의 많은 종교 지도자들은 자신들의 특권을 유지하기 위해 수많은 악행들에 대해 묵인하거나 침묵으로 일관해 왔다. 더불어 막강한 권한이나 지위를 지닌 종교적 광신주의자나 근본주의자들에 의해서도, 인류 사회는 늘 전쟁과 같은 고통스럽고 비극적인 참상이 빈번하게 벌어져 왔다. 도킨스는 이러한 사실을 있는 그대로 폭로해나가면서, 종교와 종교 세력의 규범적 부당성과 모순성, 폭력성과 위험성을 합리적으로 논증해보이고 있다.

이처럼 위험성과 부패성, 세속적 추악성 등을 내세우며 종

---

21 리처드 도킨스, 『만들어진 신』, 이한음 옮김, 김영사, 2007, 6쪽.

교와 그 권력 집단에 대해 가하는 도킨스의 치열한 비판적 공격은 사실상 비판의 차원을 넘어 거의 적대적 수준에 이르고 있다. 이 점은 그의 발언을 통해 여실히 드러난다.

> 과학자로서 나는 근본주의 종교에 적대적이다. 그것이 과학적 탐구심을 적극적으로 꺾으려 하기 때문이다. 그것은 우리에게 마음을 바꾸지 말고, 알아낼 수 있는 것들을 알려고 하지 말라고 가르친다. 그것은 과학을 전복시키고 지성을 부패시킨다.[22]

하지만 종교의 다양한 문제점들에 대한 도킨스의 비판적 논변들은 일시적인 감정적 충동이나 정서적 반감에 의거하여 이루어지고 있지 않다. 그것들은 이성적·과학적 세계관에 입각하여 시종일관 합리적 근거나 논거의 제시를 동반한 설득력 있는 논증과 해명을 통해 개진되고 있다. 더불어 자신의 주장에 부합하는 현실적 사례나 증거들—가령 종교 지도자 집단의 부패나 타락상—을 시의적절하게 제시하고 있다.

이로부터 알 수 있듯이, 도킨스의 종교관 및 종교 비판론은

---

22 리처드 도킨스, 같은 책, 430쪽.

시종일관 과학자의 합리적 사유 방식과 과학적 세계관, 동시에 과학자로서의 양심과 양식에 뿌리를 두고 있다. 이 점은 일찍이 근대의 과학적 세계관과 기계론적 유물론의 관점에 입각하여 종교와 종교의 시녀로 전락한 스콜라 철학 등을 신랄하게 비판한 홉스의 종교 비판론이 내장한 문제의식과 정확히 합치한다. 그런 한에서 도킨스의 『만들어진 신』은 『리바이어던』에서 시도된 종교 및 교회 비판을 오늘의 시대적 상황에 맞게 새로이 구성한 '현대적 버전'이라고 평가할 수 있을 듯싶다.

생애 연보

1588년 4월 5일 스페인의 무적함대가 영국 남부를 침공해오던 무렵, 맘스베리 부근 웨스트포트에서 태어나다. 이후 고향에 대한 긍지의 표시로 '맘스베리의 토머스 홉스'라는 필명을 즐겨 사용하다.

1603년 옥스퍼드대학교에 입학하여 5년간의 학사과정을 시작하다.

1608년 2월 학사학위를 취득하다. 졸업 후 평생을 가신으로 일하게 되는 윌리엄 카벤디쉬(후에 1대 데번셔 백작) 가문의 가정교사로 근무를 시작하다.

1610년 윌리엄 카벤디쉬 백작의 아들 윌리엄 2세(2대 데번셔 백작)과 함께 첫 번째 유럽 대륙 여행을 시작하다.

1615년 유럽 여행에서 돌아오다.

1618년 철학자 프랜시스 베이컨의 개인 비서로 일을 시작하여 1622년까지 근무하다. 주로 베이컨이 영어로 쓴 에세이를 라틴어로 번역하는 일을 수행하다.

1629년 투키디데스의 『펠로폰네소스전쟁사』를 번역·출판하다. 같은 해에 게바스 클리프톤 경의 아들과 유럽 대륙 여행을 떠났으며, 이때 파리에서 유클리드 기하학을 접하다.

1634년　3대 데번셔 백작과 함께 유럽 여행을 시작하다.

1635년　프랑스 파리에서 데카르트, 메르센, 가상디 등의 철학자 및 과학자들과 교류하다. 특히 유물론자인 가상디와 매우 밀접한 관계를 유지하다.

1636년　이탈리아 피렌체에서 말년의 갈릴레오를 방문하여 만남을 가졌으며, 갈릴레오가 물리학에서 거둔 과학적 방법론의 성과를 자신의 사회철학에 적용하려는 구상을 기획하다. 이후 10월에 영국으로 귀국하여 자신의 철학적 주제를 물체와 인간 그리고 사회로 정하다.

1640년　『법의 기초』 초고를 완성하다. 11월 '잉글랜드 내전'이 발발하기 직전 프랑스로 도피성 망명을 결행하다.

1641년　데카르트의 『성찰』에 관한 비평문이 그 책의 부록으로 수록되어 출판되다.

1642년　『시민론』을 파리에서 라틴어로 출판하다.

1646년　훗날 찰스 2세가 되는 웨일스의 황태자의 수학 교사로 임명되다.

1649년　청교도 혁명 이후 크롬웰이 통치하는 영국 공화정 시대가 개막되다.

1650년　『법의 기초』를 출판하다.

1651년　『리바이어던』을 런던에서 출판하다.

1652년　2월 프랑스 망명 생활을 청산하고 런던으로 귀국하다.

1655년　『물체론』을 출판하다.

1658년　『인간론』을 출판하다.

1660년　찰스 2세가 국왕에 즉위함으로써 영국 왕정이 복원되다.

1666년 영국 런던에서 대화재가 발생하고 흑사병이 만연하다.

신성모독과 무신론에 반대하는 법안이 하원에 제출되다.

『리바이어던』이 금서로 지목되다.

1668년 『비히모스』를 집필하다. 이후 유고작으로 1682년에 출판되다.

1670년 『리바이어던』의 라틴어판이 출판되다.

1679년 12월 4일 91세의 나이로 영면하다. 올트 허크넬 교회에 안장되다.

참고 문헌

토머스 홉스, 『리바이어던 1, 2』, 진석용 옮김, 나남, 2008.

Thomas Hobbes, *The English Works of Thomas Hobbes of Malmesbury 1*, John Bohn, 1839.

_____, *The English Works of Thomas Hobbes of Malmesbury 3*, John Bohn, 1839.

_____, *Behemoth or the long Parliament*, University of Chicago Press, 1990.

_____, *Man and Citizen(De Homine and De Cive)*, Bernard Gert ed., Hackett Publishing, 1991.

_____, *Leviathan*, J. C. A. Gaskin ed., Oxford University Press, 1996.

강정인·조긍호, 『사회계약론 연구: 홉스·로크·루소를 중심으로』, 서강대학교출판부, 2012.

김용환, 「토마스 홉스: 보수적 이상주의자」, 《철학과 현실》 26호, 1995.

_____, 「홉스의 힘의 정치철학: 폭력과 통제」, 《동서철학연구》 29호, 2003.

_____, 『리바이어던: 국가라는 이름의 괴물』, 살림, 2005.

김판수, 「국가 속의 자연 상태: 『리바이어던』에서 국가의 보호 의무와 개인의 능동적 자유를 중심으로」, 《한국사회학》 42집 5호, 2008.

남기호, 「칼 슈미트의 국가론에서의 리바이어던: 그 정치적 상징의 오용과 홉스의 정치철학적 의의」,《시대와 철학》26권 4호, 2015.

노암 촘스키,『그들에게 국민은 없다: 촘스키의 신자유주의 비판』, 강주헌 옮김, 모색, 1999.

레슬리 스티븐슨·데이비드 L. 헤이브먼,『인간의 본성에 관한 10가지 이론』, 갈라파고스, 2006.

르네 데카르트,『방법서설』, 이현복 옮김, 문예출판사, 1997.

리처드 도킨스,『만들어진 신』, 이한음 옮김, 김영사, 2007.

리처드 턱,『홉스』, 조무현 옮김, 교유서가, 2020.

박해용,『담론 철학과 윤리 이성』, 두리미디어, 2002.

박홍규,「민주주의자 홉스의『리바이어던』」,《인물과 사상》93호, 2006.

C. B. 맥퍼슨,『홉스와 로크의 사회철학』, 박영사, 2002.

오현철,「홉스의 저항권: 세 가지 해석 중 고등학교 교과서에 수록된 관점」,《시민교육연구》45권 2호, 2013.

윌리엄 K. 탭,『반세계화의 논리』, 월간 말, 2001.

존 로크,『통치론』, 강정인·문지영 옮김, 까치, 2022.

존 롤스,『정의론』, 황경식 옮김, 이학사, 2003.

카를 마르크스·프리드리히 엥겔스,『독일 이데올로기』, 김대웅 옮김, 두레, 2015.

프랜시스 베이컨,『신기관』, 진석용 옮김, 한길사, 2001.

A. P. Martinich, *Hobbes: A Biography*, Cambridge University Press, 1999.

David Boucher and Paul Kelly, *The Social Contract from Hobbes to Rawls*, Routledge, 1994.

Leo Strauss, *The Political Philosophy of Hobbess: Its Basis and Its Genesis*,

University of Chicago Press, 1996.

Ralf Dahrendorf, *Essays in the theory of Society*, Standford University Press, 1968.

Thomas Berwanger, *Ein Vergleich Der Politische Philosophie von Thomas Hobbes(1588-1679) und John Locke(1632-1704)*, GRIN Verlag, 2008.

Tom Sorell(ed.), *The Cambridge Companion to Hobbes*, Cambridge University Press, 1996.

EBS 오늘 읽는 클래식
홉스의 리바이어던

1판 1쇄 발행 2023년 8월 31일

지은이 선우현

펴낸이 김유열
편성센터장 김광호 ｜ **지식콘텐츠부장** 오정호
단행본출판팀｜기획 장효순, 최재진, 서정희 ｜ **마케팅** 최은영 ｜ **제작** 정봉식
북매니저 윤정아, 이민애, 정지현, 경영선

책임편집 장윤호 ｜ **디자인** 정계수 ｜ **일러스트** 최광렬 ｜ **인쇄** 애드그린인쇄

펴낸곳 한국교육방송공사(EBS)
출판신고 2001년 1월 8일 제2017-000193호
주소 경기도 고양시 일산동구 한류월드로 281
대표전화 1588-1580 ｜ **홈페이지** www.ebs.co.kr
이메일 ebsbooks@ebs.co.kr

ISBN 978-89-547-7828-2 04100
    978-89-547-6188-8 (세트)